Allegria

Das Buch

Das Buch beruht auf Doreen Virtues »Blumen-Therapie« – auf der Kunst, mit Blumen »zu arbeiten«, mit ihren Essenzen und ihren Engeln für Heilung, für das Manifestieren von Wünschen, für ein Leben in Fülle. Hat man Blumen als Verbündete, können Träume wahr werden, weil die Natur zum Heilen in der Lage ist.

Doreen Virtue gibt tiefe Einsichten in das Wesen 88 verschiedener Blumen, ihre energetischen und heilenden Eigenschaften und dazu, welcher Engel mit welcher Blume verbunden ist und wie man verschiedene Sorten von Blumen mit dem jeweiligen Chakra im Körper in Verbindung bringt. Jede Blume hat ihre eigene, liebevolle gechannelte Botschaft für den richtigen Weg und zur Unterstützung bei Problemen und Ängsten. Die Autorin vermittelt auf verständliche Weise, wie man mit der »Blumen-Therapie« arbeiten kann, beispielsweise ein ganz besonderes Bouquet für einen wertgeschätzten Menschen zu kreieren, Wildblumen zu sammeln und sie zur Heilung für Vertiefung der eigenen Spiritualität anzuwenden, die perfekten Samen für den heimischen Garten auszuwählen, um auch dort die Verbindung und Nähe zur Natur und ihren Engeln zu vertiefen und – wenn nötig – zu heilen oder neu zu erschaffen.

Dabei ist es nicht notwendig, die jeweiligen Blumen zur Hand zu haben: Die Fotos im Buch tragen die Energie der abgebildeten Blumen in sich. Ob man nun den berühmten »Grünen Daumen» hat oder nicht: Die »Blumen-Therapie» kann das Leben verändern!

Die Autoren

Doreen Virtue ist Psychologin und Familientherapeutin. Sie stammt aus einer hellseherisch begabten Familie und nutzte schon als Kind ihren »sechsten Sinn« zur Kommunikation mit ihren »unsichtbaren Freunden«. In der von ihr entwickelten Engeltherapie verbindet sie ihre Kompetenz als Psychologin mit ihren spirituellen Fähigkeiten. Doreen Virtue lebt auf Hawaii und gibt weltweit regelmäßig Workshops, in denen sie ihre Engeltherapie unterrichtet. Ihre Bücher, Kartendecks und CDs haben sie zur bekanntesten Engel-Autorin in Deutschland gemacht mit einer Gesamtauflage von über einer Million.

Robert Reeves ist geprüfter Naturheilkundler und hat den Schwerpunkt seiner Arbeit auf mentale und emotionale Heilung gelegt. Er gibt Workshops, schreibt für verschiedene Magazine und leitet eine Naturheilklinik in Australien.

Die Blumen der Engel

Mit Blumentherapie die Seele heilen

Doreen Virtue
mit
Robert Reeves

Aus dem Amerikanischen übersetzt
von Angelika Hansen

Ullstein

Besuchen Sie uns im Internet:
www.ullstein-taschenbuch.de

Allegria im Ullstein Taschenbuch

MIX
Papier aus verantwortungsvollen Quellen
FSC® C014496

Neuausgabe im Ullstein Taschenbuch
Ullstein Taschenbuch ist ein Verlag
der Ullstein Buchverlage GmbH, Berlin.
1. Auflage Februar 2016

Umschlaggestaltung: FranklDesign, München
Titelabbildung: Hay House Inc.
Satz: Keller & Keller GbR
Gesetzt aus der Minion
Druck und Bindearbeiten:
GGP Media GmbH, Pößneck
ISBN 978-3-548-74627-2

Der Natur gewidmet, die uns diese wunderschönen Instrumente der Liebe und Heilung schenkt.

INHALT

EINFÜHRUNG

Was sind die »Blumen der Engel«?

Mutter Natur ist eine Heilerin, und eines ihrer machtvollsten Geschenke offenbart sich in der Gestalt von Blumen. Jede Variation hat eine andere »Persönlichkeit«, um physisches und emotionales Wohlbefinden zu fördern. Als himmlische Meisterwerke sind Blumen göttliche Vehikel für Heilung, und *Blumen der Engel* ist der Begriff für eine Methode, die mit unterschiedlichen Blumen und Blüten arbeitet – basierend auf ihren Erscheinungsformen, ihrem Duft, ihren Essenzen, Farben und Energien –, um spezifische Bedürfnisse und Wünsche anzusprechen.

Die *Blumen der Engel* setzen voraus, dass man intensiv mit der Natur arbeitet, einschließlich der Feen und natürlich Engel. Feen sind wunderbare Verbündete, da sie Ihnen helfen können, Ihre Herzenswünsche zu manifestieren. Wenn Sie mit Blumen arbeiten, haben Sie automatisch Zugang zur Feenenergie. Da Blumen das Zuhause dieser Elementarwesen sind, werden wir auch darüber sprechen, wie man wild wachsende Blumen auf eine energetisch verantwortungsvolle Weise pflücken kann.

Ich (Doreen) habe bereits in vielen meiner anderen Bücher ausführlich über Feen und Engel geschrieben, und in diesem Buch lernen Sie, welche Engel mit der jeweiligen Blumenart assoziiert sind. Engel sind unsere liebevollen Freunde; sie sind an jedem Aspekt unseres

Lebens beteiligt und überall auf dem Planeten gegenwärtig. Sie sind von Freude erfüllt, wenn sie sehen, wie wir durch unsere Arbeit mit der Natur Gottes heilende Geschenke zu segensreicher Anwendung bringen.

Blumen der Engel haben ihre Wurzeln in den Heilungsfähigkeiten der Natur, ähnlich der naturheilkundlichen Medizin, die mein (Roberts) Fachgebiet ist. So wie Kräuterbehandlungen in der naturheilkundlichen Medizin können auch Blumen benutzt werden, um wirksame Heilungseffekte zu erzielen.

Da Duft und Farben der Blumen sich bis in den energetischen Bereich erstrecken, helfen *Blumen der Engel* bei metaphysischen Aspekten. Sie können Ihre spirituelle Praxis vertiefen und Ihren außersinnlichen Fähigkeiten zur Entfaltung verhelfen. Um diese Erfahrung zu fördern, haben wir Informationen bezüglich *Blumen der Engel*-Readings eingefügt, die anderen medialen oder Engel-Readings gleichen, indem sie Ihnen, Ihren Lieben und Ihren Klienten Führung und Richtungsweisung bieten.

Auf den Seiten dieses Buches werden wir Ihnen immer wieder Methoden für die Arbeit mit Blumenenergien zeigen, indem Sie zum Beispiel neben einer bestimmten Pflanze sitzen; ein Bad mit bestimmten spezifischen Blütenblättern nehmen oder ein Foto der Blume betrachten, die mit Ihren Bedürfnissen assoziiert ist. Wir werden beschreiben, wie Sie sicher und effektiv Blumenessenzen herstellen können. Und nicht zuletzt enthält dieses Buch eine ausführliche Tabelle, in der weit verbreitete Blumen und ihre Heilungseigenschaften aufgelistet sind.

Jeder kann mit *Blumen der Engel* arbeiten und von ihnen profitieren. Wir hoffen, dass Sie diese Modalität genießen und dieses Handbuch als Referenzinstrument für Heilung benutzen werden. Ob Sie mit

Blumen aus Ihrem eigenen Garten arbeiten oder sie im Laden kaufen, um eine spezifische Situation zu heilen – in jedem Fall werden Sie mehr emotionale, physische und spirituelle Schönheit in Ihr Leben bringen.

– Doreen Virtue und Robert Reeves

TEIL I

Die »Blumen der Engel« entdecken

KAPITEL 1

»Blumen der Engel«-Gefährten

Überall in der Natur gibt es Engel und Feen. Im Talmud, einem alten heiligen Text, heißt es: »Jeder Grashalm hat einen Engel, der sich über ihn beugt und sagt: ›Wachse, wachse!‹« Feen kann man sich auch als Miniatur-Naturengel vorstellen. Indem Sie in die Welt der *Blumen der Engel* eintauchen, werden Ihre spirituellen Fähigkeiten verstärkt, und Sie bringen sich selbst in eine Linie mit den Engeln und Feen. Beide Wesenheiten dienen der Umwelt; wenn Sie also zum Zwecke der Manifestation mit ihnen arbeiten, werden Ihre Resultate entsprechend wunderbar sein!

Feen und Blumen

Wenn Sie auf dieser tiefen, heilenden und spirituellen Ebene mit der Natur arbeiten, wird Ihre Energie sich auf die Energie der Feen einstimmen. Diese Wesen existieren *tatsächlich*. Sie leben in Ihrem Garten, Ihrem Blumenbeet und selbst in einem Strauß, den Sie im Blumenladen gekauft haben. Sie sind sehr real und immer um Sie herum, wenn Sie mit der Natur arbeiten.

Stellen Sie sich die Feen wie kleine, sorglose Kinder vor, die in der Lage sind, sich an ihrer eigenen Gesellschaft zu erfreuen und über alles fröhlich zu lachen. Das ist die Vision, die Feen für Sie bereithalten. Sie bitten Sie, zu spielen und sich auf einer tiefen Ebene mit der Natur zu verbinden – nach draußen zu gehen, im Park zu sitzen oder Zeit mit Gärtnern zu verbringen. Für welche Form naturbasierter Arbeit Sie sich auch immer entscheiden, die Feen sind glücklich, Ihnen dabei zu helfen. Außerdem sollten Sie nicht vergessen, sich jeden Tag ein wenig Zeit zu nehmen, um mit Ihren Freunden oder Lieben Spaß zu haben und zu lachen. Ihre Energie steigt mit der Freude am Lachen. Ein herrliches Gefühl!

Im Volksmund haben Feen oft einen schlechten Ruf. Bitte hören Sie nicht darauf! Feen sind liebevolle Wesen des Lichts, die Ihnen helfen wollen. Sie sorgen dafür, dass der Planet gut versorgt ist. Wenn Ihr Herzenswunsch darin besteht, der Umwelt zu helfen, werden sich diese zauberhaften Wesen sofort zu Ihnen hingezogen fühlen.

Feen sind ätherische Wesenheiten. Im Vergleich zu anderen Lichtwesen sind sie jedoch mehr geerdet und mit der Erdenergie verbunden. Dieses Gleichgewicht erlaubt ihnen, zu spielen und bei Problemen zu helfen, die mit der Erde zu tun haben, indem sie alle Ihre Träume physische Realität werden lassen. Bitten Sie die Feen, Ihnen und Ihrer Familie zu assistieren. Was immer Sie sich von ihnen wünschen, kann sehr schnell kreiert werden! Die Feen sind in der Lage, Ihre Manifestationen zu beschleunigen und Ihre Wünsche zu verwirklichen.

Wenn Sie sich mit der Natur und den Feen verbinden, werden Sie draußen in der Natur bald einige interessante »unerklärliche« Erlebnisse bemerken. Zum Beispiel indem Sie aus den Augenwinkeln Lichtfunken sehen, in der Regel dann, wenn Sie sich intensiv auf Ihren Garten oder eine Blume fokussieren. Sie werden sich umdrehen, doch es scheint, als sei nichts da. Bitte schreiben Sie ein solches Erlebnis nicht Ihrer Imagination zu. Vielmehr handelt es sich um eine absolut echte Feenerscheinung! Sich mit der Natur zu verbinden erlaubt Ihrem energetischen Körper, sich auf das entspannte Gefühl der Umwelt einzustimmen, was bedeutet, dass Sie sich jetzt in dem idealen Zustand befinden, um die Feen wahrzunehmen. Wenn Sie Stimmen hören, die wie das heitere Geplapper von Kindern klingen, dürfen Sie sicher sein, dass es in der Nähe Feen gibt, die mit Ihnen spielen und Sie zum Lächeln bringen wollen. Fliegende Insekten wie zum Beispiel Schmetterlinge und Marienkäfer sind ein weiteres Anzeichen dafür, dass die Feen mit Ihnen arbeiten.

Feen sind die Wächter über die Blumen und das Königreich der Pflanzen. Sie wachen über jede Pflanze, jeden Setzling, jeden Baum, jeden Strauch und sorgen dafür, dass sie alle wachsen und sich so entwickeln, wie die Natur es vorgesehen hat. Die Feen benutzen heilende Energien, um dafür zu sorgen, dass die Blumen gesund und voller Lebenskraft sind.

Beim Meditieren werden Sie Feen sehen, die kleine Zauberstäbe in den Händen halten, mit denen sie Blumenknospen und neue Triebe kreieren. Sie erfüllen die Blumen mit heilender und liebevoller Energie, um dafür zu sorgen, dass sie blühen und gedeihen; diese heilenden Energien werden auch *Ihnen* von Nutzen sein. Darüber hinaus helfen Feen Ihrem Garten, sich an die Jahreszeiten anzupassen. Sie sorgen für das Farbenspiel der Blätter im Herbst und stärken die Pflanzen für die kommenden Klima- und Wetterveränderungen.

Feen können über Ihre Pflanzen und Ihren Garten wachen, wenn Sie nicht da sind. Sie müssen nur darum bitten. Wie die meisten von uns sind Sie wahrscheinlich zuweilen so beschäftigt gewesen, dass Sie Ihren Garten ein wenig vernachlässigt haben. In diesen Fällen können Sie sich problemlos an die Feen wenden und sie bitten, sich um Ihre Pflanzen und Blumen zu kümmern. Sie werden Ihrer Bitte mit Vergnügen nachkommen, bis Sie wieder in der Lage sind, mehr Zeit mit dem Gärtnern zu verbringen. Wann immer ich (Robert) nicht genug Zeit habe, um meine Pflanzen zu gießen, regnet es jedes Mal unweigerlich. Plötzlich ziehen Wolken auf, und ich werde mit einem Regenschauer gesegnet. Das spart mir Zeit und Mühe, mich selbst um den Garten zu kümmern. Also wenden Sie sich das nächste Mal, wenn Sie Ihren Garten allein lassen müssen, an die Feen, und Ihre hilfreichen Freunde werden bis zu Ihrer Rückkehr ein wachsames Auge auf Ihre Blumen werfen.

Hier ein Beispiel für ein Gebet mit der Bitte um die Hilfe der Feen:

GEBET FÜR DIE FEEN

»Liebste Feen, bitte führt mich, während ich mit
euren heilenden Blumen arbeite. Ich möchte jetzt die für mich
perfekten Blumen wählen: bitte helft mir, genau das zu tun.
Ich bitte euch, mich mit eurer Energie zu umgeben
und mich daran zu erinnern, wie wichtig es ist zu spielen.
Ich empfinde tiefen Respekt und Dankbarkeit für alles, was ihr tut.
Ich bete darum, mit eurer Hilfe eure liebevollen Pflanzen
glücklich und gesund zu erhalten.«

Engel und Blumen

Während Feen die Botschafter von Mutter Natur sind, sind die Engel Botschafter Gottes. Dennoch sind die Engel genauso mit der Erde verbunden; sie sind Teil von allem. Sie sind als Ebenbild Gottes kreiert, bestehend aus der gleichen Energie wie das Göttliche. Gott ist Teil von allem, was wir kennen, und genauso verhält es sich mit den Engeln. Sie sind wundervolle, reine Energien, mit denen wir zusammenarbeiten können. Sie zu einem Teil Ihres täglichen Lebens zu machen, wird Ihnen reichen Segen bringen.

Die Engel sind bereit, Ihnen bei allem zu helfen, was Sie suchen, daher sollten Sie diese himmlischen Wesen an Ihrer Arbeit mit den Blumen teilhaben lassen. Die Engel sind reine Liebe und Licht, und sich auf sie einzustimmen, ist eine sehr beglückende Erfahrung. Wenn Sie die Engel mit den *Blumen der Engel* verbinden, schaffen Sie auf diese Weise eine pure Heilungsenergie.

Bei Ihrer weiteren Arbeit mit den *Blumen der Engel* werden Sie feststellen, dass jede Blume eine spezifische Energie besitzt. Diese Energien können sich ähnlich anfühlen wie die von bestimmten Erzengeln, also haben wir die Erzengel, die mit jeder Blumenart assoziiert sind, im Leitfaden für die Blumentherapie in Teil II aufgelistet. Außerdem hat jeder Erzengel eine andere Aurafarbe. Wenn Sie sich angeleitet fühlen, können Sie die Erzengel aufgrund ihrer Farbe mit den entsprechenden Blumen verbinden; in diesem Buch sind sie jedoch nicht auf diese Weise assoziiert. (Für weitere Informationen bezüglich Erzengel und ihrer Aurafarben sehen Sie bitte in Doreens Buch »Engelnotruf«.)

Blumen und Chakren

Chakren sind Energiezentren, die im ganzen Körper verteilt sind – tatsächlich gibt es Hunderte, wenn nicht sogar Tausende winziger Chakren. Die sieben Hauptchakren, die größer sind als die anderen, finden Sie entlang der Wirbelsäule auf der Mittellinie Ihres Körpers. Die energetischen Schwingungen von Blumen harmonisieren mit den Chakren, und Sie können diese Vibrationen benutzen, um Blockaden in Ihren Energiezentren zu lösen und sie ins Gleichgewicht zu bringen. Benutzen Sie die Listen in Teil II dieses Buches, um herauszufinden, welche Blumen und Chakren mit Ihrer Situation zu tun haben. In Kapitel 3 können Sie zudem Informationen zur Chakra-Klärung finden.

Es wäre ein Leichtes, Blumen und Chakren aufgrund ihrer physischen Farbe zu assoziieren. Anstatt jedoch einfach alle violetten

Blumen mit dem Kronenchakra und alle indigoblauen Blumen mit dem Dritten-Auge-Chakra in Verbindung zu bringen, haben wir stattdessen die Blumen und Chakren aufgrund ihrer Energie und Botschaft in Verbindung gebracht. Auch wenn Ihnen eine Blume unbekannt ist, könnte es dennoch nützlich sein, sie aufgrund ihrer Farbe einem Chakra zuzuordnen. Bitte vertrauen Sie Ihrer eigenen intuitiven Führung und folgen Sie Ihren Gefühlen bezüglich der Methode, die für Sie die größte heilende Kraft verspricht.

KAPITEL 2

Sammeln und fürsorgliche Behandlung Ihrer Heilungsblumen

Blumen sind sehr reale, physische Zeichen der Liebe Gottes und der Engel. Als wir die Engel bezüglich Blumen befragt haben, wurde uns gesagt: »Blumen sind wunderschöne Geschenke des Schöpfers, um euch in euren Zeiten der Not zu helfen. Sie können euch helfen, tief greifende emotionale Probleme zu lösen und ungesunde Gewohnheiten loszulassen. Wenn ihr eurer inneren Stimme und göttlichen Führung vertraut, kann nichts schiefgehen.« Die Natur ist da, um Ihnen zu helfen, doch Sie müssen Ihr Herz öffnen, um diese Hilfe zu empfangen.

Wir können den Vorgang des Auswählens von Blumen vergleichen mit dem Auswählen von Gemüse und Obst auf dem Markt. Vertrauen Sie Ihrem Bauchgefühl und entscheiden Sie sich für die Blume, die sich für Sie richtig *anfühlt*. So etwas wie eine »perfekte Blume« gibt es nicht. Blumen sind einzigartig; genau wie Schneeflocken werden Sie nie zwei finden, die identisch sind. Vergessen Sie nicht, dass sich alle Blumen, auch solche derselben Art, geringfügig voneinander unterscheiden.

Wenn Sie auch im Supermarkt Äpfel und Orangen finden können, die nahezu identisch aussehen, handelt es sich dabei um Produkte, die speziell so gezüchtet wurden in der Absicht, Uniformität vorzugaukeln. Die Früchte, die dem Standard nicht entsprachen, wurden entsorgt. Doch wenn Sie sich biologisch angebautes Obst anschauen, werden Sie sehen, dass sich jede Frucht ein wenig von der anderen unterscheidet. Manche haben vielleicht kleine Markierungen oder Blessuren, während andere von nicht ganz so kräftiger Farbe sind. Unabhängig von der äußeren Qualität ist die Energie der Frucht oder des Gemüses jedoch die gleiche. (Tatsächlich darf man davon ausgehen, dass biodynamische Produkte in all ihrer unvollkommenen, natürlicheren Erscheinung einen höheren Nährwert haben!) Das Gleiche gilt auch für Blumen.

Wenn Sie nach natürlichen Heilungsinstrumenten suchen, müssen Sie sich keine Sorgen machen, wie Sie die Blume mit der »perfekten« Farbe, Form oder Anzahl von Blütenblättern finden können. Stattdessen suchen Sie eine, die der Energie Ihres Wunsches entspricht. Überfliegen Sie den Leitfaden in Teil II im Hinblick auf die Arten von Blumen, die am besten zu Ihren gegenwärtigen Zielen passen, und ziehen Sie dann los, um diejenigen zu finden, zu denen Sie sich hingezogen fühlen.

Zuweilen kann es sein, dass die von Ihnen gewählten Blumen nicht genauso aussehen wie die Exemplare in diesem Buch. Blumen gibt es in allen Formen und Größen und in dramatischen Variationen, sogar wenn es sich um mehrere Blüten derselben Pflanze handelt. Vielleicht finden Sie eine Blume, die Ihr Herz zum Klingen bringt; wenn Sie jedoch näher hinschauen, stellen Sie möglicherweise fest, dass einige ihrer Blütenblätter eingerissen sind, oder sie scheint zu klein zu sein. Tatsache ist jedoch, dass Sie sich von dieser bestimmten Blüte angezogen fühlten. Das ist der Moment, wo Sie Ihrer Intuition und Führung vertrauen müssen, indem Sie sich für diese Blume entscheiden, weil sie perfekt für Sie ist, der fehlende Teil des Puzzles, nach dem Sie suchten.

Wildblumen pflücken

Es kann eine liebevolle und therapeutische Erfahrung sein, Blumen in der freien Natur zu pflücken. Bevor Sie dies jedoch in Parks und Naturschutzgebieten tun, müssen Sie sich zuerst erkundigen, ob Blumenpflücken erlaubt ist. Diese Bereiche sind häufig geschützt, und das Pflücken von Blumen kann unter Umständen als ein Akt von Vandalismus angesehen werden. Wir wollen von den heilenden Energien der Blumen profitieren; allerdings ist es nicht nötig, deswegen in Schwierigkeiten zu geraten! Fragen Sie stets den Grundstücksbesitzer oder den Parkaufseher bezüglich der Regeln in Bezug auf Blumenpflücken. Sie wollen doch sicher nicht aus Versehen Blüten einer vom Aussterben bedrohten Pflanze pflücken!

Erinnern Sie sich daran, dass es nicht nötig ist, eine Blume zu pflücken, um die heilenden Energien zu genießen, die zuhauf in der Natur zu finden sind. Sie können sich eine Weile neben eine Blume stellen oder setzen, um die magischen Eigenschaften zu absorbieren, die sie mit Ihnen teilen wird. Außerdem können Sie Fotos von Blumen machen, die Sie dann zu Hause immer wieder anschauen können. Zu einem späteren Datum haben Sie dann die Möglichkeit, mit diesen Blumen zu arbeiten.

Es ist wichtig, darauf zu achten, dass eine Blume oder Pflanze genauso ein lebendes Wesen ist wie Sie. Sie hat eine sehr machtvolle und profunde Lebenskraft, die Respekt und Dankbarkeit verdient. Wenn Sie erlaubterweise Blumen pflücken, sollten Sie eine Blumenpflück-Zeremonie in Erwägung ziehen. Dies informiert die Pflanze, dass Sie sie pflücken werden, was den Vorgang des Pflückens sanfter, friedvoller und zu einem Akt der Liebe macht. Außerdem verhindert eine solche kurze Zeremonie nicht nur, dass Sie die überaus wichtigen Feen stören, sondern verstärkt sogar noch Ihre Verbindung mit diesen Wesen, weil sie sehen, wie sehr Ihnen die Natur am Herzen liegt. Feen sind sehr verständnisvoll. Wenn Sie Schwierigkeiten haben zu entscheiden, für welche Blume Sie eine Zeremonie durchführen wollen, treffen Sie Ihre Wahl zügig – göttliches Timing wird Sie führen.

Wenn Sie Ihre Zeremonie planen, bringt Ihnen dies ein Gefühl innerer Ruhe. Lassen Sie sich Zeit und bleiben Sie ganz bei sich, damit Sie die Erfahrung genießen können. Während der Zeremonie drücken Sie der Pflanze Ihre Liebe und Dankbarkeit aus. Dies hilft Ihnen, bei Ihrer Blumentherapie noch erstaunlichere Resultate zu erzielen, und kann Heilung und Manifestation beschleunigen.

Die folgende Zeremonie gehört zu denen, die wir besonders gerne durchführen und daher empfehlen:

Zeremonie vor dem Blumenpflücken

Sie brauchen dazu:

- **Eine Pflanze, die gerade blüht. Das kann eine Topfpflanze sein oder eine in der freien Natur.**
- **Ein weißes Band von ungefähr 30 Zentimeter Länge.**
- **Eine saubere, scharfe Schere oder Gartenschere. Sie wollen in der Lage sein, einen schnellen, glatten Schnitt zu machen.**
- **Ein Stück Obst oder eine Tasse Saft als Geschenk für die Pflanze und die Feen.**
- **Einen Korb oder eine Papiertüte, damit Sie die Blume oder Blüte nach Hause tragen können.**

Am Abend vor der Zeremonie bitten Sie darum, in Ihren Träumen eventuell zusätzliche Führung zu erhalten. Nehmen Sie nach dem Aufwachen eine Dusche oder ein Bad, während Sie an dem Gedanken der

Reinigung festhalten. Reinigen Sie gleichzeitig Ihren physischen und Ihren energetischen Körper. Wenn Sie sich rein und erfrischt fühlen, sind Sie bereit, den nächsten Schritt zu tun.

Begeben Sie sich vor 12 Uhr mittags zu der blühenden Pflanze; das ist der Zeitpunkt, wo die Blume am machtvollsten ist. Nehmen Sie Ihr Erntewerkzeug mit und stehen oder setzen Sie sich vor die Pflanze. Schließen Sie die Augen und nehmen Sie einige tiefe Atemzüge.

Sagen Sie das folgende Gebet:

»Heilende Pflanze, ich komme heute,
um deine Hilfe zu erlangen.
Ich bitte um deine heilenden Energien
in Form einer Blüte.
Ich rufe die Engel und Feen an,
jetzt bei mir zu sein.
Bitte helft mir bei der liebevollen Durchführung
dieser Zeremonie des Blumenpflückens.«

Benutzen Sie Ihre Intuition, um zu erkennen, ob diese bestimmte Pflanze die richtige ist, um heute mit ihr zu arbeiten. Wenn Sie sich irgendwie unbehaglich oder unsicher fühlen oder wenn Sie ein negatives Gefühl im Bauch haben bzw. ein »Nein« spüren, ist die Pflanze nicht richtig für Sie. Es kann bedeuten, dass eine andere Pflanze derselben Spezies besser passt; vielleicht wächst sie sogar ganz in der Nähe. Sollte deren Energie passender sein, werden Sie sich zu ihr hingezogen fühlen. Vertrauen Sie den Antworten, die Sie empfangen, und nehmen Sie weitere Adjustierungen vor, bis Sie merken: Jetzt stimmt es!

Sobald Sie die richtige Pflanze gefunden haben, müssen Sie die richtige Blüte finden. Sagen Sie dabei Folgendes:

»Engel und Feen, bitte zeigt mir sehr deutlich,
welche Blüte für meine gegenwärtige Situation richtig ist.«

Achten Sie auch jetzt wieder genau auf Ihre Intuition. Vertrauen Sie ihr. Vielleicht wird ein Schmetterling oder eine Biene Sie führen, indem sie auf einer bestimmten Blume landet. Sobald sie wegfliegt, können Sie fortfahren.

Unter Umständen werden Sie überrascht sein, zu welcher Blume Sie geführt werden. Vielleicht ist sie klein oder sieht irgendwie unvollkommen aus. Dabei handelt es sich jedoch nur um eine Wahrnehmung, die auf dem Vergleich mit den Pflanzen beruht, die Sie im Blumenladen sehen. Lassen Sie sich nicht von der physischen Erscheinung irritieren. Die Engel sagen, dass nur die Energie der gesuchten Blume wichtig ist.

Lassen Sie genug vom Stiel der Blume stehen, damit Sie in der Lage sind, sie angenehm halten zu können. Wickeln Sie das weiße Band ungefähr drei Zentimeter unterhalb der Stelle, wo Sie die Blume abschneiden wollen, um den Stiel. Während Sie die Schleife binden, sagen Sie die Worte:

»Danke, dass du mir als Geschenk zur Heilung
diese wunderschöne Blüte überlässt.
Mit diesem Band gebe ich dir die Möglichkeit,
dich auf das Pflücken der Blüte vorzubereiten.«

Halten Sie Ihre offenen Handflächen über die Blume. Sehen Sie vor Ihren inneren Augen, wie sie vor lauter Energie leuchtend weiß strahlt. Stellen Sie sich die Feen und Engel vor, die Ihren Wünschen noch zusätzliche Energie verleihen.

Wenn Sie sich bereit fühlen, die Blume zu pflücken, sagen Sie:

»Indem ich diese Blume pflücke,
wird ihre Energie erhöht und intensiviert.«

Danken Sie der Pflanze, indem Sie sagen:

»Ich danke dir für dein Geschenk.
Ich werde diese Blüte
mit Integrität und Dankbarkeit benutzen.«

Lassen Sie ein wenig Obst oder Obstsaft für die Pflanze zurück als Möglichkeit, Danke zu sagen. Diese Energie hilft, neue heilende Blumen zu kreieren.

Jetzt können Sie Ihre Blume nach Hause tragen und mit ihr auf eine Weise arbeiten, die sich für Sie richtig anfühlt; entsprechende Methoden finden Sie im nächsten Kapitel. Mit Ihrer Blume halten Sie ein sehr reines, heiliges Geschenk der Natur, der Feen und Engel in Ihren Händen. Genießen Sie die Heilung und Segnungen, die dieses Geschenk Ihnen bringt.

Der richtige Umgang mit Ihren gepflückten Blumen

Blumen bringen Schönheit und Heiterkeit in unser Leben. Sie erhellen jeden Raum und die Stimmung aller Menschen, die sich darin aufhalten. Sie werden sich so lange wie möglich an den Blumen und ihren heilenden und transformativen Energien erfreuen wollen. Doch wenn Sie mit geschnittenen oder gepflückten Blumen arbeiten, bleibt es nicht aus, dass sie irgendwann welken. Wie lange es dauert, bis es so weit ist, hängt davon ab, *wie* Sie mit ihnen umgehen. Manchmal welken sie schneller, weil sie ihre ganze Energie Ihnen übergeben. Dies ist eines der vielen Geschenke, die die Natur uns gibt. Seien Sie nicht traurig, wenn Ihre Blumen verblühen; fokussieren Sie sich stattdessen auf die Dankbarkeit, die Sie für die Hilfe von Mutter Natur empfinden.

Hier sind ein paar »Fachkenntnisse«, die Ihnen helfen werden, das Leben Ihrer Blumen und Blüten zu verlängern:

- **Schneiden Sie die Stiele unter laufendem Wasser ab. Nicht gerade, sondern in einem leichten Winkel. Sie können sie in einer Schüssel schneiden, falls das einfacher ist.**
- **Entfernen Sie in der Vase alle Blätter unterhalb des Wasserspiegels.**
- **Achten Sie darauf, dass die Blütenblätter nicht mit Wasser in Berührung kommen.**
- **Fügen Sie dem Wasser zwei Teelöffel Zucker und einen Teelöffel Essig als Nahrung hinzu, um zu verhindern, dass sich Bakterien bilden.**
- **Wechseln Sie mindestens jeden zweiten Tag das Wasser in der Vase.**

Wenn Sie Ihre Blumen beim Blumenhändler kaufen und sie in Gärtnerschaum festgesteckt sind anstatt in einer Vase, werden Sie Ihre Fürsorge für die Blume ein wenig ändern müssen. Mischen Sie Wasser mit Zucker und Essig in einem Glas. Dann schütten Sie diese Mischung auf den Schaum.

Wenn Sie Blumen schneiden oder pflücken, kann es sein, dass sich kleine Luftbläschen im Stiel bilden, was die Blume daran hindert, Wasser richtig zu absorbieren, und dazu führt, dass sie schneller verwelkt. Sie können dafür sorgen, dass dies nicht passiert, indem Sie immer wieder einmal ein Stück von dem Stiel abschneiden (das Gleiche gilt für Blumen aus dem Blumenladen).

Blumen aus dem Blumenladen

Auch Blumen, die Sie beim Floristen kaufen, eignen sich wunderbar für die Blumentherapie. Man kann sie leicht und häufig auch sehr frisch bekommen. Frisch bedeutet, dass die geschnittenen Blumen, mit denen Sie arbeiten, länger halten werden, vielleicht sogar länger als solche, die Sie woanders kaufen, zum Beispiel in einem Supermarkt. Entwickeln Sie eine Beziehung mit Ihrer Floristin, der es eine Freude sein wird, auf Wunsch Sträuße für Sie, Ihre Freunde und Familie zu kreieren. Stellen Sie sich vor, wie viel Blumentherapie Floristen jeden Tag empfangen! In diesem Beruf wäre es echt schwierig, irgendetwas anderes als heiter und fröhlich zu sein!

Offensichtlich kann man nicht alle Blumen, die wir in diesem Buch erwähnen, im Blumenladen kaufen. Für bestimmte Blumen müssen Sie in ein Gartencenter oder eine Baumschule gehen oder sich in der freien Natur auf die Suche machen. Einige wenige sind unter Umständen nur regional erhältlich. Außerdem können Sie zu Hause Ihre eigenen Blumen pflanzen, um sich daran zu erfreuen, sie blühen zu sehen. Und vergessen Sie nicht, es ist total okay, Fotos oder Abbildungen von Blumen zu benutzen, die Sie anders nicht finden können.

Was Sie mit Ihren verwelkten Blumen tun können

Welken ist ein natürlicher Vorgang im Leben einer Blume – Sie müssen sich deswegen keine Gedanken machen. Doch werfen Sie die Blume nicht einfach in den Müll, wenn sie diesen Zustand erreicht hat. Nehmen Sie sich stattdessen vor, die Energie zu ehren, die sie Ihnen geschenkt hat, indem Sie die Blume zurückgeben an Mutter Erde. Dieser Akt des Zurückgebens recycelt die Energie, die benutzt wurde, und erlaubt der Erde, neue Blumen wachsen zu lassen.

Wenn Sie so weit sind, bringen Sie Ihre verwelkten Blumen in den Garten, zu einer Wiese oder in den Park; legen Sie sie auf den Boden und sagen Sie der Erde:

»Danke für diese wunderbaren Geschenke
der Heilung und Liebe. Es war ein großer Segen
für mich, diese Blumen um mich zu haben.
Sie haben mir alles gegeben, was sie hatten, und
jetzt ist es an der Zeit, sie dir zurückzugeben.
Bitte nimm diese verwelkten Blüten und
absorbiere ihre Energie, sodass du noch
viele heilende Blumen wachsen lassen kannst.
Danke.«

KAPITEL 3

Heilungsmethoden mit Blumentherapie

Blumentherapie verwandelt Heilung in eine fließende und kreative Kunstform, die in der Schönheit der Farben, Düfte und Präsenz der Blumen schwelgt. Es gibt so viele verschiedene Blumentherapie-Methoden, wie es Blumenvariationen gibt. In diesem Kapitel bieten wir Ihnen einige altbewährte Techniken an.

Wenn es um eine bestimmte Situation geht, die Sie mit den *Blumen der Engel* behandeln wollen, schauen Sie sich zuerst den *Blumen der Engel*-Leitfaden in Teil II dieses Buches an, um zu sehen, welche Blumenenergie passend ist. (Sollte sich keine richtig anfühlen, lassen Sie sich zu einer Blume führen, die in der freien Natur wächst, oder zu einer entsprechenden Abbildung.)

Dann wählen Sie Ihre Blume(n) nach der Methode, die Ihnen unter den folgenden am meisten zusagt. Ihre Intuition wird Sie zu der Methode führen, die energetisch am wirksamsten ist. Sobald Sie die richtige gefunden haben und sich damit wohlfühlen, empfehlen wir Ihnen, kreativ mit anderen Möglichkeiten zu experimentieren, wie Sie mit Blumen Kontakt aufnehmen können.

Meditation mit einer einzigen Blume

Wählen Sie eine Blume. Es kann eine sein, die Sie aufgrund ihrer Heilungseigenschaften gewählt haben, oder eine, zu der Sie sich einfach geführt fühlen. Machen Sie es sich an einem schönen Ort bequem, wo Sie nicht gestört werden, sich entspannen und Ihr Erlebnis genießen können. Legen Sie die Blume in Ihren Schoß oder auf eine Oberfläche vor Ihnen. Wenn Sie möchten, können Sie die Blüte in eine kleine mit Wasser gefüllte Vase stellen.

Reiben Sie ein paar Sekunden lang Ihre Handflächen aneinander und halten Sie sie dann über die Blume und umkreisen Sie sie. Sie müssen sie nicht berühren; gehen Sie einfach nur nahe genug heran, um sich mit ihrer Energie zu verbinden. Sie werden eine leichte Veränderung im Luftdruck oder ein kribbelndes Gefühl in Ihren Handflächen fühlen, während Sie die heilenden Energien spüren.

Bitten Sie die Blume, Ihnen bei allem zu helfen, was Sie momentan benötigen, indem Sie sagen:

»*Blume* (Sie können den Namen der Blume nennen, wie zum Beispiel ›Rose‹), *bitte hilf mir* (nennen Sie Ihr Anliegen, wie zum Beispiel Heilung, bessere Finanzen oder den Wunsch nach einer Liebesbeziehung). *Ich bin bereit, alle Heilung, Hilfe und Führung zu empfangen, die du für mich bereithältst. Bitte erlaube mir, die beruhigenden Gefühle zu genießen, die du bringst, und zu wissen, welche Botschaften du heute für mich hast. Ich danke dir im Voraus für deine wundervollen Geschenke.*«

Dann entspannen Sie sich, schließen Ihre Augen und nehmen ein paar tiefe Atemzüge. Erlauben Sie Ihrem Geist, zu wandern und dahin zu gehen, wo er hingehen will. Achten Sie auf Ihre Gedanken und Gefühle;

sie enthalten heilende Botschaften und Führung für Sie. Sollten Sie abgelenkt werden, öffnen Sie sanft Ihre Augen und fokussieren sich dann erneut auf die heilende Blume vor Ihnen. Meditieren Sie so lange mit der Blume, wie es sich für Sie richtig anfühlt.

Heilendes Bad

Halten Sie drei Blumen Ihrer Wahl in den Händen und schließen Sie die Augen. Denken Sie an Ihre Wünsche bezüglich Heilung. Wenn Sie so weit sind, zupfen Sie sanft die Blütenblätter der Blumen und lassen Sie sie in eine mit warmem Wasser gefüllte Badewanne rieseln. Bleiben Sie mindestens 15 Minuten im warmen Wasser. (Wenn Sie die Blumen lieber nicht direkt ins Wasser geben wollen, legen Sie sie auf die Ränder der Badewanne oder auf den Boden davor. Auf diese Weise wird die Energie den Raum erfüllen, und Ihr Körper wird sie absorbieren.)

Wenn Sie fertig sind, trocknen Sie sich ab, sammeln Sie die Blütenblätter und streuen Sie sie draußen auf die Erde, während Sie den Blumen für ihre heilenden Gaben danken.

Fokus auf den Duft der Blume

Setzen Sie sich mit einer einzelnen Blume hin und schließen Sie die Augen. Atmen Sie ihren zarten Duft und ihre Energie ein. Wenn Sie fertig sind, halten Sie die Blüte nah an Ihre Brust (vielleicht indem Sie sie in Ihren BH oder eine Brusttasche stecken), damit Sie im Laufe des Tages weiterhin ihren heilenden Duft einatmen können.

House Clearing

Sammeln Sie mehrere Blumen mit klärenden Eigenschaften, wie sie in Teil II und in den *Blumen der Engel*-Listen in Teil III aufgeführt sind. Zum Beispiel eignen sich besonders orangefarbene Lilien dazu, schwere Energie loszulassen, während weiße Rosen zum Reinigen und Klären der Atmosphäre benutzt werden können. Platzieren Sie die Blumen in einen Hauptbereich Ihres Hauses/Ihrer Wohnung, zum Beispiel im Wohn- oder Esszimmer. Stellen Sie die Blumen in eine hübsche Vase, an einem gut sichtbaren Ort.

Als Nächstes halten Sie Ihre Hände über die Blumen und sagen die Worte:

»Bitte erlaube diesen Blumen,
jegliche negativen Energien und Blockaden
zu klären und wieder Harmonie
in dieses Haus zu bringen.
Bitte lass diese Klärung für meine
Familie und mich schnell, effektiv
und sanft sein. Danke.«

Lassen Sie die Blumen so lange in dem Zimmer stehen, bis sie verwelken. Vergessen Sie nicht, das Wasser regelmäßig auszuwechseln.

Indem sie die Negativität aus Ihrem Zuhause absorbieren, kann es sein, dass die Blumen schneller welken. Sollte dies der Fall sein, vergessen Sie nicht, den Blumen zu danken, wenn Sie sie aus der Vase nehmen.

Harmonisierung der Chakren (Chakra-Balancing)

Sammeln Sie sieben Blumen in den sieben Farben des Regenbogens (Rot, Orange, Gelb, Grün/Pink, Hellblau, Dunkelblau und Violett). Alternativ können Sie sieben Blumen wählen, die jeweils die Eigenschaften eines der Chakren repräsentieren, so wie es in der folgenden Tabelle gezeigt wird. Sie können sogar sieben gleiche Blumen nehmen und die Intention halten, dass jede einzelne ein anderes Chakra heilt und stärkt.

CHAKRA	POSITION	KORRESPONDIERENDE THEMEN	FARBE	BLUMENBEISPIEL
Kopfspitze	In der Spitze des Kopfes	Hellwissen und göttliche Führung	Königsblau	Tulpe
Drittes Auge	Zwischen den Augen	Hellsichtigkeit	Dunkelblau	Jasmin
Kehle	Adamsapfel	Kommunikation, die eigene Wahrheit zum Ausdruck bringen	Hellblau	Narzisse
Herz	Brustraum	Liebe, Hellfühlen	Smaragdgrün	Rote Rose
Solarplexus	Magengegend	Macht und Kontrolle	Gelb	Gerbera
Sakral	Neun bis zwölf Zentimeter unterhalb des Solarplexus	Physische Wünsche und Sehnsüchte, Suchtverhalten	Orange	Kamelie

CHAKRA	POSITION	KORRESPON-DIERENDE THEMEN	FARBE	BLUMEN-BEISPIEL
Wurzel	Wirbel-säulen-basis	Überlebens- und Versor-gungsthemen, wie z. B. Geld, Dach über dem Kopf und grund-legende mate-rielle Bedürf-nisse	Rot	Gänse-blümchen

Machen Sie es sich auf Ihrem Bett bequem, entspannen Sie sich und öffnen Sie Ihr Herz, um das Chakra-Balancing der *Blumen der Engel* zu empfangen. Als Nächstes legen Sie jeweils die Blume, die mit einem bestimmten Chakra korrespondiert, auf die entsprechende Stelle Ihres Körpers. Wenn es Ihnen lieber ist, kann auch eine andere Person die Blumen auf Ihren Körper platzieren. Halten Sie die Intention, dass die Blume Ihnen bei Problemen helfen wird, die mit diesem Chakra zu tun haben. Beginnen Sie mit Ihrem Wurzelchakra. Warten Sie mindestens zwei Minuten, bevor Sie die nächste Blume auf Ihr Sakralchakra legen. Atmen Sie tief ein und aus.

Fahren Sie fort mit den anderen Blumen, indem Sie jeder zwei Minuten oder mehr geben, damit das jeweilige Chakra ihre Energie absorbieren kann, bevor Sie mit der nächsten Blume weitermachen.

Nach einer Viertelstunde oder mehr entfernen Sie die Blumen eine nach der anderen. Fangen Sie wieder mit dem Wurzelchakra an und gehen Sie dann hinauf bis zu Ihrem Kronenchakra. Dann setzen Sie sich langsam auf. Danken Sie den Blumen für die Wiederherstellung des Gleichgewichtes in Ihren Chakren, bevor Sie die Blütenblätter draußen auf dem Rasen oder im Park verstreuen. Chakra-Balancing ist heilend und entgiftend, daher achten Sie darauf, danach viel Wasser zu trinken.

Streichelnder Aura (Aura-Stroking)

Wählen Sie eine Blume, die reinigende und klärende Energien hat, wie beispielsweise eine weiße Rose. Streichen Sie langsam mit der Rose über Ihren Körper und Ihre Aura. Dieser Prozess wird alle niederen Energien aus Ihrer Aura entfernen, zusammen mit jeglichem Stress oder Anspannung. Auf diese Weise wird Ihr göttliches Licht heller strahlen und Ihnen erlauben, von großem Nutzen für andere Menschen und die Welt im Allgemeinen zu sein.

»Blumen der Engel« für Ihre Kopfkissen

Besprengen Sie Ihre Kopfkissen mit der flüssigen Essenz der Blume, die mit den heilenden Energien assoziiert ist, die Sie wünschen. (Im nächsten Kapitel finden Sie Informationen, wie Sie diese Essenzen herstellen können.) Sie können die Blütenblätter auch in Ihren Kopfkissenbezug geben. Vor dem Einschlafen bitten Sie die Blume, Ihre Träume mit ihren heilenden Eigenschaften zu erfüllen. Lavendel ist besonders wirksam, da er tiefen, erfrischenden Schlaf fördert.

Fotos von Blumen

Je nachdem, wo Sie leben, sind manche Blumen leichter zu finden als andere. Die Engel sagen jedoch, dass Sie keine physischen Blumen brauchen, um mit den *Blumen der Engel* zu arbeiten. Sie können ein Foto der entsprechenden Blume nehmen und es so benutzen, als wäre es eine echte Blüte. Meditieren Sie mit dem Foto, schauen Sie es lange an, bewundern Sie es und erlauben Sie der Energie der Blume, Sie zu inspirieren.

Um den Segen der heilenden Energie zu vergrößern, tragen Sie Fotos der Blumen bei sich, die auf Ihre Bedürfnisse spezialisiert sind. Platzieren Sie dies an Ihrem Arbeitsplatz, in der Nähe Ihres Bettes oder mit einem Magnet auf Ihrem Kühlschrank. Vertrauen Sie Ihrer Führung und bringen Sie Abbildungen von Blumen überall dort an, wo Sie Ihrem Gefühl nach nötig sind. Die Seiten in diesem Buch sind angefüllt mit der liebevollen Energie und den heilenden Botschaften, die Blumen anzubieten haben. Indem Sie einfach in aller Ruhe die Fotos in Teil II anschauen, werden Sie fühlen, wie die *Blumen der Engel* zu wirken beginnen. Darüber hinaus können Sie jede beliebige Seite des Leitfadens aufschlagen und als Wahrsage-Orakel benutzen, wann immer Sie Führung brauchen.

»Blumen der Engel«-Samen

Gehen Sie in ein Gartencenter und besorgen Sie sich ein paar qualitativ erstklassige Blumensamen. Erfüllen Sie die Samen vor dem Einpflanzen mit Ihren positiven und von Herzen kommenden Intentionen. Dabei kommunizieren Sie mit der Natur und bitten um Unterstützung in allen Bereichen, wo Sie Hilfe brauchen. Halten Sie die Samenkörner in der offenen Hand. Und nun stellen Sie sich vor Ihrem inneren Auge ein Bild von sich selbst vor, total glücklich und gesund. Stellen Sie sich vor, wie Ihre Wünsche erfüllt werden. Halten Sie dieses Image so lange fest, wie es Ihnen möglich ist. Sie können die Samen bitten, Ihnen bei einem speziellen Wunsch zu helfen, wie zum Beispiel Heilung, größere Hellsichtigkeit oder wie Sie mehr Fülle in Ihr Leben bringen können. Dazu müssen Sie sich nicht spezieller Worte bedienen; Ihre Intentionen und Emotionen sind völlig ausreichend. Die Samen können diese Gedanken hören und haben offene Ohren für Ihre Bitte.

Wenn Sie bereit sind, pflanzen Sie die Samen in ein Gartenbeet oder einen Topf. Dann geben Sie ihnen alle paar Tage frisches Wasser und freuen sich daran, wie Sie sprießen und wachsen. Je größer die Pflanzen werden, desto mehr Energie geben sie Ihren Wünschen und Sehnsüchten.

»Blumen der Engel«-Garten

Widmen Sie einen speziellen Bereich Ihres Gartens den *Blumen der Engel.* Sie können wählen, ob Sie verschiedene Blumen kultivieren wollen, die Ihnen bei Ihrer gegenwärtigen Situation helfen, oder nur eine Art von Blumen pflanzen und dabei erfahren wollen, wie sich ihre Energie multipliziert. Erlauben Sie der Natur, Ihre heilenden Blumen zu fördern. Die Feen und Naturgeister werden allen Gewächsen und Lebewesen in Ihrem Garten Gesundheit und Vitalität bringen und Sie bei der Fürsorge Ihrer Pflanzen unterstützen. Genießen Sie es, diesen Teil Ihres Gartens mit herrlichen Blüten, Statuen und Kristallen in einen wunderbaren Heilungsbereich zu verwandeln.

Sollten Sie keinen Garten haben, können Sie dennoch diese Form der *Blumen der Engel*-Therapie genießen. Füllen Sie einige Blumentöpfe oder sonstige Pflanzgefäße mit den Blumen Ihrer Wahl und verteilen Sie diese in Ihrem Zuhause, vielleicht auf einer Fensterbank oder auf dem Balkon. Sie können entscheiden, ob Sie eine oder mehrere unterschiedliche Blumen zusammen heranzüchten wollen.

Ihr *Blumen der Engel*-Garten wird ein friedlicher und wohltuender Bereich sein, wo Sie meditieren oder Kontakt zu Ihren Engeln aufnehmen können. Neben Ihren heilenden Blumen zu sitzen wird jede Form von Stress oder Sorgen verschwinden lassen. Planen Sie, so viel Zeit wie möglich mit ihnen zu verbringen.

Blumen verschicken

Haben Sie einen Freund/eine Freundin oder ein Familienmitglied, dem Sie gerne helfen möchten? Gibt es jemanden, dem Sie von Herzen gerne heilende, liebevolle Energie senden möchten? Als sensitiver Mensch wird es Ihnen unter Umständen schwerfallen, mitansehen zu müssen, wenn Freunde und geliebte Menschen in Not sind und sich abquälen. Vielleicht sind sie zu stolz oder zu eigensinnig, um zuzulassen, dass Sie ihnen zu Hilfe kommen. Um ihre Wünsche zu respektieren, müssen Sie einen Schritt zurücktreten und warten, bis Sie von ihnen um Hilfe gebeten werden.

In einer solchen Situation können die *Blumen der Engel* wunderbar heilend und transformativ sein. Schicken Sie den geliebten Personen einfach einen Strauß; dann werden sie in der Lage sein, von der Energie zu profitieren, die die von Ihnen gewählten Blumen anzubieten haben. Ein solcher Strauß ist ein wundervolles Geschenk für jeden, und es gibt kaum einen Menschen, der Blumen ablehnt.

Wenn Sie die *Blumen der Engel* als Heilungsinstrument benutzen, können Sie die Zusammenstellung der Blüten perfekt auf die gegebene Situation abstimmen. Wenn jemand trauert, können Sie zum Beispiel einen Strauß Gladiolen schicken, um Trauer zu lindern; Sonnenblumen, um Depression zu lichten; oder gelbe Lilien für finanzielle Unterstützung. Bitten Sie Ihre Floristin, den Strauß entsprechend Ihrer Bedürfnisse zusammenzustellen. Sie müssen dem geliebten Menschen nicht sagen, warum Sie ihm/ihr die Blumen geschickt haben oder was die Blumen zu bewirken imstande sind. Seien Sie versichert, dass der heilende Prozess in Bewegung gesetzt ist. Jetzt können Sie sich zurücklehnen und sich auf die Wunder freuen, die mit Gewissheit eintreten werden.

Kapitel 4

Blumenessenzen und Infusionen

Blumenessenzen sind energetische »Medikamente«, die auf der Vibrationsebene wirken. Als Erstes sorgen Sie dafür, Veränderungen in Ihrem energetischen Feld zu verankern und sie dann auf die physische Ebene zu bringen. Wenn richtig hergestellt, enthalten Essenzen keinerlei physische Eigenschaften der jeweiligen Blumen. Vielmehr übertragen sie – wie in der Homöopathie – die Energie der Blume und setzen auf diese Weise nur ihre energetische Blaupause im Wasser frei. Seien Sie versichert, dass dieses mit Energien aufgeladene Wasser als Medikation sehr sicher ist und in keiner Weise andere Medikamente beeinträchtigt, die Sie momentan vielleicht nehmen.

Bevor Sie mit der Herstellung der Blumenessenzen beginnen, sollten Sie darauf achten, dass Sie gut ausgeruht sind und alle Zutaten bereitgelegt haben, die Sie brauchen. Pflücken Sie frische Blumen Ihrer Wahl. Am besten ist es, eine Blumenart pro Essenz zu nehmen. Blumen aus ihrer natürlichen Umgebung zu pflücken ist ideal, doch es ist völlig in Ordnung, die Blumen zu kaufen, die Sie anderweitig nicht finden können. Es sind Ihre von Herzen kommenden Wünsche und Ihre Intentionen, die diesen Prozess in Gang setzen, daher spielt es keine Rolle, woher die Blumen kommen. Pflücken oder kaufen Sie die Blumen unmittelbar bevor Sie die Essenz zubereiten, damit sie frisch sind.

Außerdem brauchen Sie folgende Dinge:

- eine Glasschüssel
- ein Glas, das in die Schüssel passt
- eine Pipette aus Bernsteinglas (mit einer Kapazität von 15 ml)
- reines Quellwasser
- Weinbrand oder Glyzerin als Konservierungsmittel

Am besten eignet sich ein sonniger Morgen für diese Arbeit. Wählen Sie dazu einen schönen, separaten Bereich, wo Sie nicht gestört werden. Parks eignen sich oft vorzüglich für diese Aufgabe. Achten Sie darauf, dass Sie eine schattenfreie Sicht auf die Sonne haben und dass die Gläser mit Ihrer Essenz nicht von vorbeigehenden Passanten versehentlich umgestoßen werden können.

Sobald Sie einen passenden Ort gewählt haben, stellen Sie die Glasschüssel auf den Boden. Sorgen Sie hierbei dafür, dass sie gerade steht, ohne irgendwelche Zweige oder Ähnliches darunter, was Feuer fangen könnte. (Die Kraft der Sonne kann sich verstärken, wenn ihre Strahlen durch Glas und Wasser gebrochen werden.) Legen Sie die anderen Dinge, die Sie brauchen, daneben.

Setzen Sie sich hin, halten Sie Ihre Blumen über die Schüssel und schließen Sie die Augen. Bitten Sie die Blumen, sich in eine Essenz zu verwandeln, indem Sie sagen:

»Blumen, bitte sendet eure heilenden Energien
und machtvollen Vibrationen in das Wasser.
Ich rufe die Engel und Feen herbei,
damit sie mir bei diesem Vorgang helfen.
Ich bitte euch, dafür zu sorgen, dass nur
heilende Liebe und Licht in dieses Wasser fließt.«

Jetzt geben Sie so viele Blumen wie möglich in das Glas, ohne sie zu zerquetschen, und stellen Sie das Glas in die Schüssel. Schütten Sie vorsichtig das Quellwasser in die Schüssel. Der Wasserspiegel sollte nicht höher sein als einige der Blumen in dem Glas, doch es sollte nicht *in* das Glas fließen. Sie sollten also ein Glas mit Blumen in einer mit Wasser gefüllten Schüssel haben, wobei die Blumen nicht mit dem Wasser in Berührung kommen. Diese »indirekte« Methode der Herstellung von Essenzen sorgt dafür, dass sie sehr leicht und sicher anzuwenden ist. Die Energie der Blume(n) fließt mühelos durch das Glas.

Erlauben Sie den Blumen, mindestens vier Stunden lang im Sonnenlicht zu baden. Anschließend bieten Sie ihnen Ihre Dankbarkeit für ihre Dienste an, indem Sie sagen:

»Ich danke euch, Blumen,
dass ihr mir erlaubt,
eure Liebe und euer Licht auf neue
und aufregende Weise zu verbreiten.«

Dann nehmen Sie vorsichtig das Glas aus der Schüssel. Sie können die Blumen auf dem Gras ausbreiten, um sie Mutter Erde zurückzugeben. Die Flüssigkeit, die in der Schüssel verbleibt, ist nicht mehr länger normales Wasser: sie ist eine machtvolle Essenz der Energie und Vibration der Blumen und wird »Mutteressenz« genannt. Um die Energie der Mutteressenz zu stabilisieren, füllen Sie die Bernsteinglasfläschchen zur Hälfte mit dieser Mutteressenz und zur anderen Hälfte mit Ihrem Konservierungsmittel (Weinbrand oder Glyzerin). Verschließen Sie die Fläschchen und schütteln Sie sie kräftig durch, um die Flüssigkeiten zu vermischen.

Probieren Sie ein wenig von dieser kostbaren Mischung. Achten Sie auf Gefühle und Vibrationen, die von Ihnen Besitz ergreifen.

Herstellen einer Infusionsflasche

Um Ihre Essenz zu sich nehmen zu können, müssen Sie als Erstes eine Infusionsflasche zubereiten. Dieser Prozess intensiviert die Essenz, macht sie stärker und noch wirksamer.

Füllen Sie die Bernsteinglasflaschen mit Konservierungsmittel (Weinbrand oder Glyzerin). Fügen Sie jeder Flasche fünf Tropfen der Mutteressenz hinzu. Verschließen Sie die Flaschen und schütteln Sie sie kräftig.

Lassen Sie die Infusionsflaschen vor der Benutzung ein paar Minuten ruhen. Dies sorgt dafür, dass die Energie sich total mit der Flüssigkeit vermischt. Sie können Ihre Infusionsflaschen auch mit klaren Quarzkristallen umgeben, um die Energie der Essenz noch weiter zu erhöhen.

Die fertigen Infusionsflaschen können Sie auf verschiedene Weise benutzen:

- **Kreieren Sie eine Flasche mit der für Sie optimalen Dosierung, indem Sie eine Bernsteinflasche mit 1/3 Konservierungsmittel (Weinbrand oder Glyzerin) und 2/3 Quellwasser füllen und der Mischung 5 Tropfen der Mutteressenz hinzufügen. (Sie können bis zu acht verschiedene Mutteressenzen in eine Flasche geben.)**

Die empfohlene Dosierung beträgt 5 Tropfen, die Sie zwei- oder dreimal täglich unter der Zunge zergehen lassen, doch Sie können die Dosis auch so oft nehmen, wie Sie sich angeleitet fühlen.

- Fügen Sie 5 Tropfen einem Glas mit frischem Wasser hinzu und trinken Sie es auf eine oder zwei Stunden verteilt aus.
- Benetzen Sie Ihre Handflächen mit ein paar Tropfen. Reiben Sie Ihre Hände aneinander und fühlen Sie die Energie.
- Fügen Sie einer Gießkanne 5 Tropfen der Mutteressenz hinzu und gießen Sie dann Ihren Garten.
- Geben Sie 5 Tropfen in eine Sprühflasche. Besprühen Sie damit Ihre eigene Aura und Ihr Zuhause.

Infusionen

Infusionen sind Kräutertees, die mit Liebe und einer festen Intention hergestellt werden. Wenn Sie die Infusion trinken, gelangt damit die Energie der Blume in Ihren Körper, eine wunderbar entspannende Art, von den *Blumen der Engel* zu profitieren. Schon die Teezubereitung allein kann die Entspannung fördern. Nicht alle Blumen in unserer Liste eignen sich zum Verzehr, doch die folgenden heilenden Kräuter und Blumen können bedenkenlos für Infusionen benutzt werden:

- Eukalyptusblätter
- Hagebutten
- Hibiskusblüten
- Jasmin

- Johanniskraut
- Kamille
- Lavendel
- Löwenzahnblätter
- Löwenzahnwurzel
- Passionsblume
- Ringelblume
- Rosenknospen
- Roter Sonnenhut/Echinacea (Wurzel)

Bitte nehmen Sie nur Kräuter, die Sie aus zuverlässiger Quelle erhalten. Wählen Sie solche, die als typische Teekräuter gekennzeichnet sind. Es gibt viele verschiedene Pflanzenarten, und einige ähnlich aussehende können in ihren chemischen Strukturen sehr unterschiedlich sein, daher sollten Sie im Hinblick auf wild wachsende Kräuter und Blumen vorsichtig sein.

Sie können die Infusionen mit einer einzigen Blumen- oder Kräuterart herstellen oder Ihre eigene magische Mischung kreieren, indem Sie verschiedene Kräuter nehmen, von jedem ein wenig. Generell nimmt man einen Teelöffel getrockneter Kräuter für jeweils ein Glas Wasser.

Um Ihren persönlichen *Blumen der Engel*-Aufguss herzustellen, folgen Sie diesem Rezept:

Zubereitung eines Kräutertee-Aufgusses

1. Kochen Sie ein wenig Quellwasser oder gereinigtes Wasser.
2. Messen Sie einen Teelöffel Kräuter Ihrer Wahl pro Tasse Wasser ab. Geben Sie die Kräuter direkt in eine Teekanne oder in einen Aufgussball aus Metall. Sie können die Kräuter auch direkt in die Tasse geben; das bedeutet lediglich, dass Sie den Tee vor dem Trinken durch ein Sieb geben müssen.
3. Geben Sie ein wenig kaltes Wasser in die Teekanne oder die Tasse, um das Verbrennen der Kräuter zu verhindern. Dann fügen Sie das kochende Wasser hinzu.
4. Legen Sie den Deckel auf die Teekanne bzw. einen Unterteller auf die Tasse. So kann der Dampf nicht heraustreten, was den Tee umso gehaltvoller macht.
5. Lassen Sie Ihren Tee eine Viertelstunde ziehen. Dann entfernen Sie den Unterteller oder den Deckel und gießen den Tee wenn nötig durch ein kleines Sieb. Genießen Sie Ihre *Blumen der Engel*-Infusion!

Einige beliebte Aufgussmischungen mit den »Blumen der Engel«

Zur Verbesserung außersinnlicher Fähigkeiten:

- Echinacea-Wurzel
- Jasmin
- Lavendel

Für Liebesbeziehungen:

- **Rosenknospen**

Zur Beruhigung:

- **Johanniskraut**
- **Kamille**
- **Lavendel**

Für den Zusammenhalt der Familie:

- **Hibiskusblüten**
- **Löwenzahnblätter**

Zur Energieklärung:

- **Echinacea-Wurzel**
- **Jasmin**
- **Ringelblume**

KAPITEL 5

Blumen und göttliche Führung

Weissagung ist die Kunst, Antworten aus dem Bereich des Göttlichen zu erhalten. Es handelt sich dabei um eine seit Jahrhunderten bekannte Praxis, und Blumen gehören zu den ältesten Werkzeugen, wenn es um einen Blick hinter die Kulissen geht. Orakelkarten sind heutzutage beliebter denn je. Wunderbar einfach und effektiv, müssen Sie die Karten nur mischen, um schnell eine Antwort auf Ihre Frage finden zu können. Orakelkarten haben darüber hinaus die Tendenz, detaillierte Botschaften zu vermitteln, die mit ihnen assoziiert sind, was ihre Interpretation leicht macht.

Eine weitere Form des Wahrsagens besteht darin, Wachs in Wasser zu tropfen und dann zu beobachten, welche Form das gekühlte Wachs annimmt. Eine weitere alte Methode ist die Benutzung von Runen, die aus kleinen Steinen handgeschnitzt werden, jede mit einer bestimmten Bedeutung oder Botschaft. Die Runen werden willkürlich gewählt oder vor Ihnen ausgeschüttet, um Ihre Antwort aufzuzeigen.

Weissagung funktioniert durch das Gesetz der Anziehung. Jedes Mal, wenn Sie Informationen des Göttlichen erhalten, kommen perfekte Botschaften durch. Wann immer Sie um eine Antwort auf Ihre Fragen bitten, wird Ihnen das Universum sehr klare Führung geben.

Da der Vorgang der Wahrsagung göttlich geführt ist, können Sie niemals einen Fehler machen. Das Gesetz der Anziehung bringt Ihnen unweigerlich die richtige Information.

Weissagung mit Blumen

Wie wir bereits erwähnt haben, werden Blumen seit langer Zeit von vielen Menschen als Weissagungsinstrument benutzt – selbst von Menschen, die nicht wussten, dass sie auf diese Weise Kontakt mit dem Schöpfer herstellten. Denken Sie an ein junges Mädchen, das singt: »Er liebt mich, er liebt mich nicht«, während es Blütenblätter abreißt. In der gleichen Weise funktioniert die Weissagung mit den *Blumen der Engel* dann am besten, wenn eine »Ja«- oder »Nein«-Frage gestellt wird.

Der Prozess ist denkbar einfach:

1. **Stellen Sie den Engeln eine Frage und formulieren Sie diese in einem »Ja-« oder »Nein«-Format. Das kann alles sein, was Ihnen auf dem Herzen liegt. Sie brauchen keine speziellen Worte oder Gebete, um den Kontakt mit den Engeln herzustellen; das Einzige, was Sie brauchen, ist ein offenes Herz und einen offenen Geist.**
2. **Wählen Sie eine Blume, zu der Sie sich sehr hingezogen fühlen.**
3. **Zupfen Sie sanft die Blütenblätter ab. Sagen Sie jedes Mal, wenn Sie ein Blatt abzupfen, abwechselnd »Ja« oder »Nein«.**
4. **Wenn Sie das letzte Blütenblatt abreißen, ist das Wort, mit dem Sie enden, Ihre Antwort.**

Sie können diese simple Methode noch machtvoller werden lassen, wenn Sie eine Blume mit den Schwingungseigenschaften wählen, die mit Ihrer Frage assoziiert ist. Wenn Ihre Frage zum Beispiel mit Liebe zu tun hat, bedienen Sie sich der Energie einer roten Rose. Sie können die Blume im Park oder im Garten pflücken oder im Blumenladen kaufen. Es spielt keine Rolle, für welche Methode Sie sich entscheiden, die Energie ist in jedem Fall dieselbe. Die heilenden Botschaften sind so oder so in der Blume enthalten.

Falls Sie nicht sicher sind, was Sie fragen wollen, können Sie sich von den folgenden Fragen inspirieren lassen:

- **Ist dieser Therapeut/diese Therapeutin richtig für mich?**
- **Wird dieser Kurs oder dieses Seminar mir helfen, meine Spiritualität zu verbessern?**
- **Sollte ich mehr Informationen bezüglich dieser Situation sammeln?**
- **Bin ich auf dem richtigen Weg?**
- **Will mein Liebespartner das Beste für mich?**
- **Sollte ich dieses Jobangebot annehmen?**

»Blumen der Engel«-Readings

Blumen der Engel-Readings sind sehr einfach durchzuführen und wunderbar segensreich – nicht nur für Sie selbst, sondern auch für Ihre Familie, Freunde und Kollegen. Jeder kann von der heilenden Energie profitieren, die Blumen anzubieten haben.

In diesem Augenblick werden Sie vielleicht die Stimme Ihres Ego hören, die Ihnen sagt, dass Sie unmöglich in der Lage sind, *Blumen der Engel*-Readings durchzuführen. Hören Sie nicht darauf. Nehmen Sie einfach ein paar tiefe, reinigende Atemzüge und entspannen Sie sich. Versetzen Sie sich in einen Zustand größtmöglicher Entspannung und größtmöglichen Friedens. In diesem Zustand sind Sie in der Lage, die Stimme Ihrer Engel klarer zu vernehmen. Sie rufen Ihnen zu, dass Sie ohne Frage *Blumen der Engel*-Readings geben und empfangen *können*!

Viele Menschen glauben, dass sie ihr Leben lang hellsichtige Fähigkeiten gehabt haben müssen, um akkurate Readings zu geben. Doch möchten wir Ihnen ein kleines Geheimnis verraten: *Jeder* Mensch hat außersinnliche Fähigkeiten! Sie wurden mit dem Geschenk der Intuition geboren, und Sie haben die gleichen Einsichten, die jedem namhaften Hellseher etc. zuteilwerden. Diese Menschen haben keine speziellen Tricks auf Lager; Sie selbst können es genauso gut.

Der große Unterschied ist der, dass diese Menschen um ihre außersinnliche Begabung *wissen* und der Information vertrauen, die ihnen übermittelt wird. Vielleicht haben Sie zu Beginn ein paar Zweifel bezüglich Ihrer inneren Führung, doch üben Sie unerschrocken weiter. Sprechen Sie alles aus, was Sie hören, sehen, fühlen oder denken. Und bald werden Sie erkennen, dass auch Sie bemerkenswerte außersinnliche Fähigkeiten besitzen.

Die Natur, Gott und die Engel sind bereit und willens zu helfen. Wenn sie Ihre wahren Intentionen spüren, helfen sie Ihnen sofort im Rahmen ihrer Möglichkeiten – die wahrhaft machtvoll sind! Richten

Sie Ihren Fokus darauf, anderen Menschen zu helfen und sie zu heilen, dann werden ihre Botschaften auf eine sehr reine und akkurate Weise durchkommen.

Vergessen Sie nicht, dass Readings vorgenommen werden, um Führung und Heilung anzubieten, und nicht als Möglichkeit, Ihre Freunde und Familienmitglieder zu beeindrucken. In einem Reading suchen Sie nach der Ursache für die gegenwärtigen Sorgen Ihres Gegenübers und bitten um Führung hinsichtlich der Art und Weise, wie der/die Betreffende eine schwierige Zeit gut überstehen kann. Heilen Sie die Sorgen dieser Personen auf die schnellste und effizienteste Weise und bringen Sie Ihre Klienten zur Liebe zurück.

Wenn Sie gerade erst beginnen, *Blumen der Engel*-Readings zu geben, möchten Sie sich vielleicht an die Methoden halten, die unten beschrieben werden. Hierbei handelt es sich nur um eine Richtlinie für Sie, um Ihnen den Anfang leichter zu machen; wenn Sie also das Gefühl haben, etwas verändern oder ein paar Schritte überspringen zu wollen, dann tun Sie das bitte. Machen Sie weiter, bis Sie sich mit dem Prozess vertraut und wohlfühlen, dann nehmen Sie Ihre kreative Begabung zu Hilfe und gestalten Sie Ihre eigenen Readings ganz nach Ihrem Geschmack.

Vor jedem Reading achten Sie bitte darauf, klar und fokussiert zu sein. Dies können Sie erreichen, indem Sie Ihre Chakren klären und ins Gleichgewicht bringen. Wie bereits in Kapitel 3 besprochen, ist diese Art der Klärung eine wunderbare Gewohnheit, die Sie problemlos jederzeit anwenden können und die dafür sorgt, dass Sie jederzeit bereit sind für ein Reading. Obwohl es zahlreiche kleine Chakren überall in Ihrem Körper gibt, müssen Sie nur die sieben Hauptchakren klären, was zu einer Art Welleneffekt führt, die auch die weniger wichtigen Chakren klärt. Zudem hilft es, größere Harmonie und Ausgeglichenheit in Ihr Leben zu bringen, in Bezug auf Arbeit, Ruhepausen und

Vergnügen. Es gibt viele Methoden, mit deren Hilfe Sie Ihre Chakren klären können. Wir haben hier nur ein paar Möglichkeiten für Sie aufgelistet:

Methoden zur Chakra-Klärung

- Benutzen Sie Sprays aus Blumenessenzen.
- Gönnen Sie sich ein Bad mit Meersalz.
- Schwimmen Sie im Meer.
- Legen Sie sich zehn Minuten lang ins Gras.
- Trinken Sie Blumenessenzen oder entsprechende Tees.
- Streichen Sie mit einer weißen Rose über Ihre Chakren und Aura.
- Halten Sie kurz einen klaren Quarzkristall über jedes Chakra.
- Bitten Sie die Engel um Unterstützung.

Hier ist eine schnelle, einfache Methode zur Klärung Ihrer Chakren durch die Anrufung der reinigenden Energie von Erzengel Michael:

Gebet zu Erzengel Michael mit der Bitte um Chakra-Klärung

Nehmen Sie ein paar tiefe Atemzüge und schließen Sie Ihre Augen. Am besten ist es, sich an einen ruhigen Ort zu setzen, wo Sie ein paar Minuten lang nicht gestört werden.

Bitten Sie Erzengel Michael, die Energie Ihrer Chakren zu klären. Während er dies tut, atmen Sie weiterhin tief und ruhig. Bringen Sie Ihre Aufmerksamkeit auf Ihr Wurzelchakra und sagen Sie dann:

»Erzengel Michael,
bitte reinige mein Wurzelchakra
und bringe es ins Gleichgewicht.«

Nehmen Sie einen tiefen Atemzug, halten Sie ihn für ein paar Sekunden und atmen Sie dann aus. Während Sie ausatmen, lassen Sie alle Negativität los, die sich vielleicht in Ihnen angesammelt hat. Fahren Sie mit dieser Methode und Ihrem Gebet fort, während Sie sich durch das Sakralchakra, das Solarplexus-Chakra, Herzchakra, Kehlchakra, Dritte-Auge-Chakra und Kronenchakra bewegen.

Zum Schluss nehmen Sie einen weiteren tiefen Atemzug, halten ihn für einen Moment und atmen dann aus. Sagen Sie die Worte:

»Danke, Erzengel Michael,
dass du diese Schwere aus meinem Körper
und meiner Aura beseitigt hast.
Danke, dass du
meine Chakren ins Gleichgewicht
gebracht hast.«

Wie Sie ein »Blumen der Engel«-Reading geben können

Wenn Sie einer anderen Person ein Reading geben wollen, ist es wichtig, sich darauf vorzubereiten. Sie wollen auf keinen Fall ein Gefühl der Eile in Ihr Reading bringen. Setzen Sie sich still der betreffenden Person gegenüber und übermitteln Sie ihr oder ihm liebevolle und mitfühlende Energie. Achten Sie immer darauf, Ihrem Gegenüber nicht das Gefühl zu geben, dass alles schnell gehen muss.

Ein weitverbreitetes Missverständnis ist die Annahme, dass von Ihnen erwartet wird, alles zu wissen. Ein Hellseher kennt nie alle Details einer Situation; vielmehr dienen Sie lediglich dazu, Botschaften des Himmels weiterzugeben. Wenn Sie sich verwirrt fühlen, stellen Sie der Person, der Sie das Reading geben, Fragen oder bitten Sie um weitere Einzelheiten. Das wird Ihnen helfen, noch zutreffendere und detailliertere Antworten zu geben.

Um mit einem Reading zu beginnen, wählen Sie einen angenehmen Ort, wo Sie nicht gestört werden. Wenn sie ein Reading für einen Freund oder Klienten vornehmen wollen, bieten Sie ihm oder ihr eine bequeme Sitzmöglichkeit an. Halten Sie einen Stift und Papier bereit, um sich Notizen zu machen.

Nehmen Sie ein paar tiefe Atemzüge, bis Sie sich entspannt und bereit fühlen. Dann rufen Sie die Engel herbei, indem Sie sagen:

»Engel, bitte seid jetzt hier bei mir.
Steht mir bei während dieses Blumen der Engel-*Readings.*
Ich bitte Erzengel Michael, mir zu helfen, alle Angstenergie
zu beseitigen. Bitte gib mir Vertrauen, damit ich diese
heilenden Botschaften übermitteln kann.

Bitte sorge dafür, dass die Information klar und akkurat durchkommt und mein Klient/in in der Lage ist, deine Führung zu verstehen. Bitte lasst dieses Reading in jeder Hinsicht erfüllt sein von Liebe und Heilung. Und so sei es.«

Stellen Sie innerlich eine Frage und senden Sie diese den Engeln und Mutter Natur. Das kann eine spezifische Frage sein wie zum Beispiel: »Was hält meinen Klienten *(Name des/der Betreffenden)* davon ab, einen neuen Job zu finden?« Darüber hinaus können Sie auch etwas Allgemeineres fragen, wie beispielsweise: »Was muss _____ *(Name des Klienten)* jetzt wissen?«

Entspannen Sie sich und warten Sie, dass die Information durchkommt. Sie kann sich in Form von Gedanken, Visionen, Worten oder Gefühlen zeigen. Vielleicht wollen Sie die Botschaften aufschreiben, so wie sie durchkommen, oder sie laut aussprechen.

Visualisieren Sie die Engel, wie sie vor Ihnen stehen und herrliche Blumensträuße in den Armen halten. Schauen Sie genauer hin und achten Sie darauf, um welche Blumen es sich handelt. Vielleicht möchten Sie die Namen der Blumen aufschreiben. In der Regel werden Sie Eindrücke empfangen bezüglich der spezifischen Fähigkeit jeder Blume, doch Sie können auch im Leitfaden in Teil II nachschauen, um weitere Informationen zu erhalten.

Alternativ können Sie dieses Buch auf irgendeiner Seite öffnen, nachdem Sie eine Frage gestellt haben. Wenden Sie sich intuitiv an eine der Blumen und lesen Sie die heilende Botschaft, die sie für Sie bereithält. Dies wird Sie zu Ihren Antworten führen.

Anschließend vergessen Sie nicht, der anderen Person ein Heilrezept zu geben, damit sie noch größeren Segen aus dem Reading gewinnen kann. Die Blumen, die Sie visualisiert oder in diesem Buch gefunden haben, sind die, mit denen Sie oder Ihr Klient weiterarbeiten sollten. Wenn Sie zum Beispiel eine neue Liebe oder romantische Beziehung suchen, wird das Reading Sie wahrscheinlich zu der Energie roter Rosen führen. Also würden Sie nach dem Reading anfangen, enger mit der Energie von Rosen zu arbeiten. Sie könnten sie in Form von Sträußen in Ihrem Zuhause verteilen oder Fotos von Rosen bei sich tragen. Benutzen Sie Rosen in jeder der *Blumen der Engel*-Methoden, zu denen Sie sich hingezogen fühlen.

Blumen der Engel-Readings sind ein wundervolles Geschenk, das Sie sich selbst … oder jedem anderen geben können. Blumen schenken Erbauung, heben die Stimmung und sind sowohl für Sie als auch für den anderen eine große Freude.

TEIL II

Leitfaden für die »Blumen der Engel«

Blumen, die in diesem Buch keine Erwähnung finden

Jede Blume hat das Potenzial, ein heilendes Werkzeug bei der *Blumen der Engel*-Therapie zu sein. Verständlicherweise ist die Seitenzahl dieses Buches begrenzt, daher haben wir 88 unserer Lieblingsblumen ausgewählt. Die meisten Menschen werden in der Lage sein, die meisten dieser Blumen problemlos zu finden. Falls Sie eine Blume nicht finden können, genügt auch ein Foto der gewünschten Blume oder als Ersatz Schleierkraut oder Dianthus.

Sie dürfen nicht glauben, dass die Arbeit mit den Blumen, die hier keine Erwähnung finden, weniger gut oder machtvoll ist als die Arbeit mit denen, die wir aufgelistet haben. Wir ermutigen Sie, Ihre Verbindung mit Mutter Natur auf einer tieferen Ebene immer weiter zu erforschen. Entdecken Sie, wie Blumen, die in Ihrer Umgebung wachsen, Sie mit profunden, heilenden Erfahrungen beglücken können.

Vielleicht kennen Sie den Namen einer bestimmten Blume nicht, fühlen sich jedoch aus irgendeinem Grund immer wieder zu ihr hingezogen. Vertrauen Sie dieser inneren Führung und gönnen Sie sich die Freude, mit der Blume zu arbeiten. Vielleicht werden Sie merken, dass sie großen therapeutischen Nutzen für Sie hat. Lesen Sie zunächst alles, was Sie über die besagte Blume finden können, bevor Sie zum ersten Mal mit ihr arbeiten: Unter Umständen ist es ratsam, die Blüte nicht direkt zu berühren, sondern sie nur zu betrachten.

Vielleicht gefällt Ihnen zum Beispiel der Anblick einer Blume, die von Gift-Efeu oder Brennnesseln umgeben ist – in dem Fall ist es besser, sie zu lassen, wo sie ist! Pflücken Sie keine Blumen oder Pflanzen, bei denen Sie das Risiko eingehen, sich selbst Schaden zuzufügen!

Sie können die folgenden Methoden anwenden, um die heilende Energie einer bestimmten Blume zu entdecken, die in diesem Buch nicht erwähnt wird:

1. Finden Sie eine Darstellung der Blume, über die Sie mehr wissen wollen. Im Idealfall wird es eine echte, frische Blume sein. Falls Sie keine finden können, nehmen Sie ein Foto oder eine sonstige Abbildung der Blume zu Hilfe.

2. Meditieren Sie mit der Blume, auch wenn es sich dabei nur um eine bildliche Darstellung handelt oder wenn sie sich noch an der Mutterpflanze draußen befindet.

3. Schließen Sie die Augen und atmen Sie mehrmals tief ein und aus mit der Intention, die Verbindung mit der Blume herzustellen.

4. Wenn Sie so weit sind, öffnen Sie die Augen und betrachten Sie die Blume mit einem liebevollen Blick. Genießen Sie es, so still mit ihr dazusitzen. Achten Sie auf jegliche Gedanken oder Eindrücke, die Ihnen in den Sinn kommen, und ebenso darauf, wie Sie sich in diesem Moment fühlen.

5. **Wenn Sie weitere Informationen wünschen, bitten Sie einfach die Blume, Ihnen zu sagen, womit sie Ihnen helfen kann. Bleiben Sie still sitzen, entspannen Sie sich und erlauben Sie der Information, auf natürlichem Wege zu Ihnen zu kommen.**

6. **Sobald Sie das Gefühl haben, dass alles übermittelt wurde, danken Sie der Blume für die Information, die Sie empfangen haben. Jetzt können Sie mit dieser Blume auf einer tieferen Ebene arbeiten und zudem besser verstehen, warum Sie sich zu ihr hingezogen fühlen. Interessanterweise wird eine Blume, zu der Sie eine besondere Nähe gespürt haben, häufig Eigenschaften besitzen, die mit dem zu tun haben, was Sie gerade durchmachen – sie wird als perfekter Freund fungieren, ein ganz persönliches Geschenk von Mutter Natur an Sie.**

Übersicht

In diesem Leitfaden finden Sie detaillierte Beschreibungen von 88 heilenden Blumen, die als *Blumen der Engel* Verwendung finden können. Hier ist eine Zusammenstellung dessen, was Sie bei jedem Eintrag erwarten können.

Abbildung

Zu jedem Eintrag gehört ein Foto der Blume, die besprochen wird. Sie können dieses Foto als eines Ihrer Heilungsinstrumente benutzen, indem Sie sich damit hinsetzen und es betrachten. Sie werden die heilenden Energien fühlen, die durch die Seiten dieses Buches strahlen und direkt in Ihren Körper fließen. Jede Abbildung ist mit der speziellen Energie der dargestellten Blume erfüllt worden.

Beschreibung

Unter jeder Überschrift, die den am meisten verbreiteten Namen zeigt, unter dem eine Blume bekannt ist, werden Sie die folgenden Informationen finden:

Alternative Namen: Falls es mehr als einen Namen gibt, unter dem die Blume bekannt ist, haben wir ihn hier eingefügt.

Botanische Bezeichnung: Dabei handelt es sich um die Gattung und die spezifische Bezeichnung der Blume. Wenn nach der Gattung die Abkürzung »spp.« steht, bedeutet dies, dass mehrere Spezies einer Blume gemeint sind anstatt nur eine bestimmte.

Weitverbreitete Variationen: Wenn viele Arten der gleichen Blumenfamilie genannt sind, werden wir manchmal die auflisten, die Ihnen am besten bekannt sind.

Energetische Eigenschaften: Hierbei handelt es sich um die energetischen und heilenden Eigenschaften jeder Blume.

Assoziierte Erzengel: Hier sind die Erzengel aufgeführt, die mit der Energie dieser Blume verbunden sind.

Assoziierte Chakren: Dies sind die Chakren, die mit der Energie dieser Blume verbunden sind.

Beschreibung der heilenden Eigenschaften: Hier lesen Sie, für welche Art von Heilung diese Blume benutzt werden kann. Manchmal werden Sie in diesem Paragrafen heilende Tipps finden, die spezifisch sind für jede Blume.

Botschaft der Blume: Hierbei handelt es sich um eine gechannelte Botschaft direkt von der Blume. Lesen Sie diese so, als würde die Blume direkt zu Ihnen sprechen. Es ist gut möglich, dass sie die Antwort auf Ihre Fragen beinhaltet.

Akazie

Alternativer Name: Kameldorn

Botanische Bezeichnung: *Acacia* spp.

Energetische Eigenschaften: Fördert das Lachen; erinnert Sie daran, das Spielen nicht zu vergessen; bringt allen in Ihrer Umgebung Freude; sorgt dafür, dass Partys vergnügt und heiter verlaufen

Assoziierte Erzengel: Jophiel und Metatron

Assoziierte Chakren: Wurzel-, Herz- und Kronenchakra

Beschreibung der heilenden Eigenschaften: Die Akazie ist von oben bis unten mit Blüten bedeckt, daher sieht sie aus, als sei sie in eine große strahlend gelbe Decke eingehüllt, obwohl jede Blume in Wahrheit aus unzähligen einzelnen Blüten besteht. Diese kleinen Blüten sorgen dafür, dass Sie sich wohlfühlen, doch zusammengenommen sorgen sie dafür, dass Sie sich einfach *fantastisch* fühlen.

Fangen Sie an, mit der vergnüglichen, heiteren Energie der Akazie zu arbeiten, und bald werden Sie merken, dass Ihr Leben von Freude und Lachen erfüllt ist. Genauso wie die winzigen Blüten strahlend aufbrechen, werden auch Sie im Leuchten ihrer heilenden Energie baden … und anderen Menschen durch Ihr eigenes Entzücken und Ihre Freude helfen.

Botschaft der Akazie: »Ich werde dir helfen, vor Freude schier zu platzen! Du wirst merken, wie du immer öfter lachst, wenn du mit mir arbeitest. Jeder Tag bringt immer größeres Glück. Du verbreitest Lachen, wo immer du hingehst, und bald werden andere dir sagen, wie viel Freude es macht, in deiner Umgebung zu sein. Ich werde dafür sorgen, dass die Energie an deinem Arbeitsplatz unbeschwerter und harmonischer ist. Wenn du ein Fest oder eine Party veranstaltest, rufe meine Energie herbei, und wir werden gemeinsam dafür sorgen, dass alle Beteiligten eine wundervolle Zeit haben.«

Azalee

Botanische Bezeichnung: *Rhododendron* spp.

Energetische Eigenschaften: Weisheit, spirituelles Verständnis, Klärung von Past-Life-Themen und tiefe Meditation

Assoziierter Erzengel: Raziel

Assoziiertes Chakra: Kronenchakra

Beschreibung der heilenden Eigenschaften: Diese Blume ist mit tiefer Spiritualität und Weisheit verbunden. Ihre Energie ist sanft und subtil, aber nichtsdestotrotz profund! Bei der Arbeit mit der Energie der Azalee werden Sie auf eine Reise mitgenommen, die ganz auf Sie persönlich zugeschnitten ist. Sie wird Ihnen helfen, mehr über sich selbst und Ihre persönliche Geschichte zu lernen, einschließlich Ihrer vergangenen Leben.

Einen Garten oder ein Beet mit Azaleen zu pflanzen kann Ihnen helfen, Ihre Spiritualität zu vertiefen. Vielleicht entscheiden Sie sich sogar für einen Azalee-Bonsai, eine sehr magische Variante der Pflanze und ein wundervolles Instrument zur Meditation.

Botschaft der Azalee: »Ich werde sanft deine Hand nehmen und dich auf dem Weg der Spiritualität führen. Mit mir an deiner Seite kannst du alle Blockaden im Hinblick auf deine gottgegebenen spirituellen Fähigkeiten loslassen. Öffne dich einer Welt der Weisheit. Ich respektiere den Prozess dieser Reise und werde dich daher nie zur Eile antreiben. Ich werde dir helfen, dich darauf zu fokussieren, jede Lektion zu verinnerlichen, eine nach der anderen, damit du beständig lernst und doch nie das Gefühl hast, aus deiner Komfortzone gestoßen zu werden. Du bist in vielen Lebenszeiten spirituell und mit der Natur verbunden gewesen, und ich würde dir gerne die Erinnerung daran zurückrufen. Wenn ich in deiner Nähe bin, kann ich dir helfen, jegliche ungelösten Themen im Zusammenhang mit deinen vergangenen Inkarnationen zu klären. Gemeinsam können wir weiterhin auf dem Pfad der Spiritualität lernen.«

Banksia

Botanische Bezeichnung: *Banksia* spp.

Energetische Eigenschaften: Neubeginn; die Vergangenheit loslassen; schwierige Zeiten zurücklassen, einschließlich Scheidung, Liebeskummer, Jobsituation und gesundheitlicher Probleme

Assoziierte Erzengel: Azrael, Chamuel, Raguel und Raphael

Assoziierte Chakren: Wurzelchakra, Solarplexus und Herzchakra

Beschreibung der heilenden Eigenschaften: In Australien heimisch, ist Banksia (oder Banksiazapfen) eine sehr interessante, ungewöhnliche Blume. Sie verstreut ihre Samen auf eine einzigartige Weise: Ihre Samenschote öffnet sich nur nach einem Feuer. Australien ist ein sehr heißes, trockenes Land und anfällig für Buschbrände, die viele der Pflanzen zerstören können – außer Banksia. Sie wartet, bis die Temperatur abgekühlt ist, um ihre Samen freizugeben. So entsteht neues Leben aus der Asche. Diese Energie hält die Blume ebenso für Sie bereit. Sie richtet Sie auf, wenn Sie das Gefühl haben, unmöglich weitergehen zu können.

Botschaft der Banksia: »Wenn du nicht mehr weiterweißt, werde ich dir den Lebensfunken geben, der deine Leidenschaft neu entzündet und dich auf den Weg der Liebe und des Lichts zurückbringt. Wir wollen alle Sorgen und Ängste der Vergangenheit hinter uns lassen und alle alten Toxine und schweren Energien loslassen. Dann wirst du in der Lage sein, aus der Asche emporzusteigen, die dich jetzt umgibt. Du bist ein wunderschönes Wesen und ein Kind Gottes. Bitte erteile dir die Erlaubnis, diese zweite Chance zu nutzen – du hast sie verdient! Glaube nicht an die Gedanken und Gefühle aus der Vergangenheit, die dir weismachen wollten, dass deine Hoffnungen und Erwartungen zu Asche geworden sind. Lass mich dich aufrichten, damit du langsam deine Kraft wiederfindest. Ich werde dir helfen, den ersten Schritt zu tun in dieser neuen Phase deines Lebens.«

Begonie

Botanische Bezeichnung: *Begonia* spp.

Energetische Eigenschaften: Beseitigung von Irritationen; Wut loslassen; Frustrationen klären; Geduld und Ruhe fördern; Grenzen setzen

Assoziierter Erzengel: Raphael

Assoziierte Chakren: Wurzelchakra, Sakralchakra und Solarplexus

Beschreibung der heilenden Eigenschaften: Die Begonie erinnert Sie an die Wichtigkeit von Geduld und ist bereit, Ihnen zu helfen, solange Sie ihre Hilfe brauchen. Sie führt Sie auf dem Weg der Ruhe und des Friedens. Diese Blume hilft Ihnen, Ihre Privatsphäre zu wahren und sich selbst vor Ablenkungen zu schützen. Sie hindert andere Personen daran, Ihren Privatbereich zu betreten, da diese Sie häufig von Ihrer Arbeit abhalten.

Botschaft der Begonie: »Bitte erlaube mir, dir zu bringen, was du in dieser Zeit brauchst: Geduld und Ruhe. Du wirst bald erkennen, dass ein Mangel an Geduld die Ursache ist für alle niederen Emotionen, die du fühlst. Erlaube mir, dich daran zu erinnern und dir zu helfen, sie voll zu fühlen. Geduld zu lernen ist eine schwierige Lektion, daher werde ich so lange bei dir bleiben, bis du sie gelernt hast.

Wenn du merkst, dass andere immer wieder unaufgefordert in deine Privatsphäre eindringen, werde ich ein paar ätherische Grenzen errichten, die dich abschirmen werden. Doch wollen wir uns einen Moment Zeit nehmen und uns anschauen, warum Menschen dazu neigen, in deinen privaten Bereich zu kommen. Manche sagen vielleicht, es läge daran, dass du nicht strikt genug gewesen bist, doch ich werde dir den wahren Grund nennen: Sie fühlen sich zu dir und deiner Energie hingezogen. Du hast eine wundervolle Aura, und die Menschen fühlen diesen Frieden, wenn sie mit dir zu tun haben. Ich werde dir helfen, gefahrlos deine heilenden Gaben mit anderen zu teilen und gleichzeitig deine Privatsphäre zu schützen.«

Bougainvillea

Alternative Namen: Wagen der Venus und Tränendes Herz

Botanische Bezeichnung: *Lamprocapnos spec.*

Energetische Eigenschaften: Heilung des Herzens; Loslassen von alten Schmerzen, niederdrückenden Emotionen und Verbitterung; Förderung der Vergebungsbereitschaft

Assoziierte Erzengel: Jophiel und Raphael

Assoziiertes Chakra: Herzchakra

Beschreibung der heilenden Eigenschaften: Im Gegensatz zu dem, was Sie vielleicht denken, ist die Blume der Bougainvillea in Wahrheit die kleine, beinahe unbedeutend aussehende weiße Blüte in der Mitte. Die bunten Blätter, die wie Blütenblätter aussehen, werden *Deckblätter* genannt und sind keine Blumen. Zumindest im botanischen Sinne – energetisch betrachtet ist dies eine völlig andere Geschichte. Die Blätter umgeben die kleine Blume wie eine schützende Kraft.

Bougainvillea-Ranken lassen sich wunderbar entlang von Zäunen pflanzen, die sie dann bald mit ihrer farbenfrohen Pracht überwuchern. Sie hindern niedere Energie daran, in Ihr Grundstück einzudringen, und sorgen dafür, dass Sie und Ihre Familie beschützt sind. Wenn Sie visualisieren, wie Ihr Zuhause total von Bougainvillea umgeben ist, ist dies ein machtvolles Mittel, sich gegen niedere Energien abzuschirmen.

Botschaft der Bougainvillea: »Ich bin hier, um dich vor allen unerwünschten Dingen zu beschützen – sowohl auf der physischen als auch spirituellen Ebene. Ich werde einen Schutzschirm um dich, deine Familie und dein Zuhause herum errichten. Ich agiere wie eine Barriere, die Negativität jedweder Art abhält. Wenn du dich klein und schwach fühlst, gebe ich dir Kraft und den Mut, gerade zu stehen, stolz zu sein; es gibt nichts, was du fürchten müsstest. Die Zeit ist da für dich, mutig einen Schritt vorwärts zu gehen. Dein göttliches Licht verblasst nie; es wird auch weiterhin so hell leuchten wie immer. Ich werde dich beschützen, während du deine Mauern abbaust. Lass uns gemeinsam deine wahre göttliche Schönheit offenbaren.«

Bromelie

Alternative Namen: Vasenpflanze und Urnenpflanze

Botanische Bezeichnung: *Aechmea* spp., *Guzmania* spp., *Neoregelia* spp., *Tillandsia* spp., *Vriesia* spp.

Energetische Eigenschaften: Klärung negativer Denkweise; richtet Ihren Fokus auf das Positive; sichert Ihnen himmlische Hilfe zu; verbindet Sie mit Gott

Assoziierte Erzengel: Michael und Sandalphon

Assoziierte Chakren: Drittes-Auge- und Kronenchakra

Beschreibung der heilenden Eigenschaften: Die Energie der Bromelie zu erfahren ist eine wundervolle Sache. Sie erinnert daran, dass der Himmel immer über Sie wacht. Es gibt niemals einen Moment, wo Sie allein sind; es wird immer für Sie gesorgt. Die Bromelie erinnert Sie daran, dass Sie nie den dunklen, beschwerlichen Weg nehmen müssen. Sie werden stets einen liebevollen und sanften Freund finden, der Sie auf dem Weg des Lichts begleitet, egal ob dieser Freund physischer oder göttlicher Natur ist.

Wenn Sie mit der Bromelie arbeiten, werden Ihre Gedanken harmonischer und Sie fokussieren sich mehr auf das Positive in jeder Situation. Sie werden sich nicht länger gestatten, in Unsicherheit und Verzweiflung abzustürzen; stattdessen werden Sie auf die höheren Vibrationen von Liebe und Licht fokussiert bleiben.

Botschaft der Bromelie: »Ich möchte die Negativität beseitigen, die du gerade erlebst. Erlaube mir, dir jene Gefühle zu nehmen, die dir anzuzeigen scheinen, dass sich am Horizont etwas Schlimmes zusammenbraut. Ich kann diese konstanten Gedanken des Zweifels hören; du hast das Gefühl, als würde dein Leben zu reibungslos und angenehm verlaufen, dass ›es einfach nicht so gut sein kann‹. Du fragst dich, ob der Himmel wirklich zuhört und für dich sorgt.

Erlaube mir, dein Kronenchakra zu öffnen und dich mit Gott zu verbinden, der wahren und ultimativen Quelle der Liebe. Fühle diese göttliche Verbindung mit dem Geistigen und spüre, wie alle Sorgen deinen Körper verlassen und sich im Licht auflösen. Wisse, dass du das Beste verdienst, was das Leben zu bieten hat, und fokussiere dich auf das optimale Resultat in jeder Situation. In jedem Moment deines Lebens hilft dir Gott, führt dich und unterstützt dich in allem, was du tust.«

Calla-Lilie

Alternative Namen: Zimmerlilie, Osterlilie

Botanische Bezeichnung: *Zantedeschia aethiopica*

Energetische Eigenschaften: Anziehen und Verbessern von Liebesbeziehungen; Ihrem Seelengefährten »Ich liebe dich« sagen; heilend bei Trauer

Assoziierter Erzengel: Jophiel

Assoziiertes Chakra: Herzchakra

Beschreibung der heilenden Eigenschaften: Die Calla-Lilie hilft, die Liebesbeziehung mit Ihrem Seelengefährten zu verbessern. Sie fungiert wie ein Anziehungspunkt, in der Art, wie sich Motten zum Licht hingezogen fühlen. Sie werden einander unbeschwert begegnen, im perfekten göttlichen Timing.

Calla-Lilien können sowohl für Hochzeiten als auch für Beerdigungen benutzt werden, da ihre energetische Botschaft verkündet: »Ich liebe dich.«

Botschaft von der Calla-Lilie: »Ich trage in mir die Energie deines Seelengefährten und kann euch beiden helfen, indem ich eure Verbindung stärke. Wenn du dich danach sehnst, den richtigen Menschen kennenzulernen, kann ich eure Wege zusammenführen, damit ihr einander auf die perfekteste romantische Weise begegnet. Du wirst eine echte Liebesverbindung finden, und eure Beziehung wird in genau der richtigen Zeit wachsen und blühen. Wenn ihr euch erst einmal gefunden habt, versichere ich euch, dass eure Liebe nie vergehen wird; selbst dann, wenn dein Seelengefährte durch den Schleier in das Leben nach dem Tod hinübergeht, werde ich eure Gefühle in der Energie der Liebe lebendig erhalten. Ich werde dir helfen, die Trauer zu überwinden, indem ich dich an die Emotionen und guten Zeiten erinnere, die ihr miteinander geteilt habt.«

Candelilla-strauch

Botanische Bezeichnung: *Mandevilla* spp.

Energetische Eigenschaften: Lösung von Anhaftungen; Freiheit; Bewegungsspielraum; Privatsphäre; der eigene Raum; Ermächtigung; man selbst sein

Assoziierte Erzengel: Jophiel, Metatron und Michael

Assoziiertes Chakra: Wurzelchakra

Beschreibung der heilenden Eigenschaften: Die Kletternatur des Candelillastrauchs eignet sich perfekt, um diese Blume in der Nähe eines Zauns zu pflanzen. Während sie immer höher wächst, werden Sie merken, dass auch Sie sich über alte Situationen erheben und ein neues Gefühl Ihrer Unabhängigkeit gewinnen. Die fünf Blütenblätter der Blume bringen schützende Energie, wenn Sie das Gefühl haben, gefangen zu sein oder nicht die Freiheit zu haben, Ihre eigenen Entscheidungen treffen zu können. Wenn Sie glauben, sich nicht für das entscheiden zu können, von dem Ihr Herz sagt, dass es das Beste für Sie ist, arbeiten Sie mit dem Candelillastrauch, um die Situation zu verändern! Die Blume hilft Ihnen, Dinge loszulassen, die Ihnen nicht länger dienlich sind. Es ist an der Zeit, Ihre Unabhängigkeit zu behaupten und sich selbst treu zu bleiben. Jetzt können Sie alle Ihre Träume manifestieren.

Botschaft des Candelillastrauchs: »Ich werde die Bande durchtrennen, die dein Wachstum und deine Bewegungsfreiheit einschränken. Zuweilen hast du das Gefühl, als würdest du ersticken, und kannst die Situationen nicht genießen, in denen du dich wiederfindest. Fürchte dich nicht; ich bin hier, um zu helfen. Ich werde diese Verbindungen lösen, die dich zurückhalten, damit du wachsen und dich frei bewegen kannst. Ich höre, dass du dich gefühlt hast, als wärst du mit dem Kopf gegen eine Wand gelaufen; nun, das ist jetzt vorbei. Gemeinsam können wir alle negativen Anhaftungen auflösen. Ich schicke dich auf deinen Weg, um erstaunliche und wunderbare Veränderungen in deinem Leben zu kreieren. Es ist an der Zeit für dich, deine Flügel auszubreiten und zu fliegen!«

Chrysantheme

Botanische Bezeichnung: *Chrysanthemum indicum*

Energetische Eigenschaften: Verbessert familiäre Bande; heilt Rivalität zwischen Geschwistern; erlaubt Familienmitgliedern, gut miteinander auszukommen

Assoziierte Erzengel: Chamuel und Raguel

Assoziierte Chakren: Wurzel-, Solarplexus- und Herzchakra

Beschreibung der heilenden Eigenschaften: Eine Chrysantheme ist wie eine freundliche, warme, tröstende Umarmung. Sie bringt Einheit in die Familie oder den Haushalt, damit alle in Frieden unter einem Dach leben können. Sie beseitigt egobasierte Gefühle von Eifersucht und Rivalität. Die Chrysantheme leistet Wunderbares, wenn es um Personen geht, die sich nicht vertragen. Die Blume hilft, Harmonie herzustellen, damit es keine Streitereien gibt, sondern mehr Spaß und Vergnügen. Diese Blume eignet sich besonders gut als Dekoration, wenn Sie Dinnerpartys geben oder zu einem geselligen Beisammensein einladen.

Botschaft der Chrysantheme: »Ich werde dir helfen, deine Familie näher zusammenzubringen und jegliche Risse innerhalb der Gruppe zu heilen. Bald wird deine Familie enger verbunden sein als je zuvor und harmonisch und liebevoll zusammenleben. Das ist es, was Gott und die Engel mit dem größten Wohlwollen erfüllt. Erlaube mir, alle Arten von Eifersucht zu klären und jegliche Rivalität zwischen Geschwistern zu beseitigen. Ich möchte jeden von euch an den Spaß und die Liebe erinnern, die ihr miteinander teilt … und voneinander ersehnt. Ich liebe es, mit Familien zu arbeiten. Ich kann jedem Haushalt helfen, der aus dem Gleichgewicht geraten oder zerrüttet ist.«

Dahlie

Botanische Bezeichnung: *Dahlia* spp.

Energetische Eigenschaften: Ermächtigung; erinnert Sie daran, dass Sie ein Mensch sind, der etwas bewirken kann

Assoziierte Erzengel: Michael und Zadkiel

Assoziierte Chakren: Wurzel- und Kronenchakra

Beschreibung der heilenden Eigenschaften: Die Dahlie erinnert Sie daran, dass Sie machtvoll sind und dass kein anderer als Sie selbst Ihre Lebensaufgabe erfüllen kann. Machen Sie sich bewusst, dass machtvoll zu sein nicht bedeutet, aggressiv, übermäßig forsch oder bedrohlich zu sein. Sie können positive Lebensveränderungen vornehmen, indem Sie zuversichtlich, durchsetzungsfähig und im inneren Gleichgewicht sind. Die Dahlie ermutigt Sie, Ihrer inneren Führung zu folgen. Vergessen Sie nicht, dass die Energie der Engel liebevoll und friedlich ist, im Gegensatz zu der bleiernen und aufdringlichen Natur des Ego.

Botschaft der Dahlie: »Ja, du kannst *tatsächlich* etwas bewirken! Du hast ein wunderbares Licht in deinem Inneren; bitte nimm es voll an, damit andere sich an deiner Schönheit erfreuen können. Jeder Mensch hat eine Lebensaufgabe, und jetzt ist es an der Zeit, deine eigene Aufgabe anzunehmen. Du bist der Einzige, der deine Mission zu Ende führen kann, und die Engel werden dich auf jedem Schritt deines Weges führen. Sie werden dafür sorgen, dass du nie von deinem Weg abweichst.

Wenn du deine Macht annimmst, kannst du im Leben der Menschen in deiner Umgebung Positives bewirken. Erinnerst du dich an die Redewendung ›Mit gutem Beispiel vorangehen‹? Wenn du den Weg des Friedens wählst, werden andere dies merken und ihrerseits beginnen, über Frieden nachzudenken. Du bist auf eine liebevolle Weise machtvoll. Jetzt ist die Zeit für dich gekommen, die Rolle zu erfüllen, für deren Erfüllung du auf diesen Planeten gekommen bist. Verändere deine gegenwärtige Situation … und so die Welt.«

Echinacea

Alternativer Name: Purpur-Sonnenhut

Botanische Bezeichnung: *Echinacea* spp.

Energetische Eigenschaften: Öffnung des dritten Auges; verbessert Hellsichtigkeit; beseitigt Angst

Assoziierter Erzengel: Michael

Assoziiertes Chakra: Drittes-Auge-Chakra

Beschreibung der heilenden Eigenschaften: Echinacea ist seit Langem bekannt für die Fähigkeit, das Immunsystem zu stimulieren. Diese Blume hat einen stark reinigenden Effekt – nicht nur auf den physischen, sondern auch auf den energetischen Körper. Echinacea hat eine kraftvolle Verbindung mit dem Dritten-Auge-Chakra, dem Zentrum übersinnlicher Visionen und Hellsichtigkeit. Es wird alle Ängste beseitigen, die Sie vielleicht haben, damit Sie Ihre gottgegebenen Fähigkeiten voll genießen können. Sie werden feststellen, dass Ihre Spiritualität tiefer wird, wenn Sie kontinuierlich mit den Blumen des Purpur-Sonnenhutes arbeiten.

Die Wurzel der Echinacea hat medizinische Eigenschaften. Sie können auch einen Tee daraus machen. Das wäre eine besonders wohlschmeckende und einfache Art, auch Ihre Hellsichtigkeit zu verbessern.

Botschaft der Echinacea: »Ich werde alle Blockaden beseitigen, die dich vielleicht daran hindern, deine gottgegebenen, spirituellen und übersinnlichen Fähigkeiten voll anzunehmen. Diese Talente sind dein Geburtsrecht; sie wurden dir verliehen, damit du sie benutzen kannst. Ich weiß, dass du zuweilen angstbasierte Gedanken im Hinblick auf dein Drittes-Auge-Chakra hast, doch du musst dir keine Sorgen machen. Vielleicht glaubst du, dass dir furchterregende Informationen übermittelt werden, wenn du dieses Chakra öffnest. Sei jedoch versichert, dass ich so etwas verhindern werde. Deine Engel halten ausschließlich liebevolle und hilfreiche Botschaften für dich bereit. Öffne die Schleusentore zur Hellsichtigkeit: Du wirst sehen, dass du von Liebe und Freude durchflutet wirst.«

Eisenkraut

Alternativer Name: Eisblume

Botanische Bezeichnung: *Carpobrotus glaucescens*

Energetische Eigenschaften: Größere physische und emotionale Stärke; Belastbarkeit; sich selbstständig machen; verbessert die Arbeitsmoral

Assoziierte Erzengel: Metraton und Michael

Assoziierte Chakren: Wurzel-, Sakral- und Herzchakra

Beschreibung der heilenden Eigenschaften: Eisenkraut stärkt Ihre physische und emotionale Kraft. Das Arbeiten mit dieser Blume wird Ihrem Körper helfen, sich an jedes körperliche Trainingsprogramm anzupassen und bleibende Veränderungen herbeizuführen. Es garantiert Ihnen die emotionale Kraft, hoch erhobenen Hauptes durch Ihr Leben zu gehen, egal in welcher Situation Sie sich befinden. Eisenkraut ist zudem bei Ihrer Karriere behilflich. Ihr Berufsleben wird leichter werden, und Beförderungen lassen nicht lange auf sich warten. Zur richtigen Zeit werden Ihnen passende Aufgaben zugeteilt, was dafür sorgt, dass Sie in der Lage sind zu tun, was Sie lieben, und Ihnen die Möglichkeit gibt, stressige oder ermüdende Arbeiten jenen zu überlassen, denen es Spaß macht, diese zu erledigen.

Botschaft des Eisenkrauts: »Ich bringe dir Kraft und Belastbarkeit. Ich werde dich stützen und stärken, wenn du dich schwach und verletzlich fühlst. Du wirst nicht schwanken oder verkümmern; vielmehr wirst du deinen Kopf oben behalten und allen Umständen gewachsen sein. Vielleicht wirst du nicht schnell weiterkommen, aber *du wirst* weiterkommen.

Außerdem werde ich Schritt für Schritt mit dir arbeiten, damit du in deinem Beruf Fortschritte machst. Ich werde dir helfen, die Karriereleiter immer höher zu erklimmen, wenn dies dein Wunsch ist. Wenn du selbstständig bist, werde ich dir mehr Klienten bringen. Wenn du für jemand anderen arbeitest, kann ich deine zwischenmenschlichen Beziehungen leichter machen. Erlaube mir, die Aufgaben zu nehmen, die dir sinnlos erscheinen, und sie jemand anderem zu geben, der mehr Spaß daran haben wird, damit du die Dinge erreichen kannst, die dein Herz wirklich glücklich machen.«

Eukalyptus

Alternativer Name: Gummibaum

Botanische Bezeichnung: *Eucalyptus* spp.

Energetische Eigenschaften: Segnungen; bringt Wunder in Ihr Leben; gibt Ihren Engeln die Erlaubnis zu helfen; beseitigt Hindernisse, damit Sie die Segnungen der Engel empfangen können

Assoziierte Erzengel: Metatron, Michael, Raphael und Raziel

Assoziierte Chakren: Wurzel-, Kehl-, Herz- und Kronenchakra

Beschreibung der heilenden Eigenschaften: Eukalyptus ist eine Blume des Empfangens. Sie erinnert daran, dass Sie – auch wenn Hilfe in Ihrer Nähe ist – zuerst darum bitten müssen. Diese Blume wird viele erstaunliche Änderungen in Ihr Leben bringen, die Sie ohne Frage allesamt verdient haben. Bitte öffnen Sie Ihr Herz und Ihre Arme weit der Energie des Eukalyptus.

Botschaft des Eukalyptus: »Ich werde sanft mir dir arbeiten, damit du dein Herz öffnen und alle Segnungen annehmen kannst, die deines Weges kommen. Bitte akzeptiere die Liebe, die du so sehr verdienst. Die Engel sind in jeder Sekunde des Tages an deiner Seite, genau wie ich. Vergiss nicht, dass das Gesetz des freien Willens dich daran hindert, Segnungen und Heilung zu erfahren, solange du nicht deine Einwilligung dazu gibst. Sobald du dem Universum verkündest, dass du bereit und willens bist zu empfangen, können deine dich liebenden Engel und ich dir helfen. Erlaube dir, in diesen rezeptiven Zustand zu gleiten, und du wirst alsbald feststellen, dass sich in deiner Umgebung Wunder zu ereignen beginnen. Wenn du dich dem Empfangen öffnest, wird dein Leben um ein Vielfaches leichter. Gott und die Engel werden dir persönlich alles zukommen lassen, was du brauchst. Sie werden dir helfen, dein absolut Bestes zu tun. Fantastische Möglichkeiten werden dir in den Schoß fallen, und du wirst sie staunend und dankbar annehmen, was zur Folge hat, dass du dich glücklicher, gesünder und tief geliebt fühlst.«

Fächerblume

Alternative Namen: Halbblume, Alpaka

Botanische Bezeichnung: *Scaevola* spp.

Energetische Eigenschaften: Verbundenheit; Beseitigung von Gefühlen der Isolation; vertreibt Einsamkeit; geliebten Menschen Heilung senden

Assoziierte Erzengel: Azrael und Michael

Assoziierte Chakren: Wurzel- und Sakralchakra

Beschreibung der heilenden Eigenschaften: Die Fächerblume beseitigt Gefühle von Einsamkeit und hilft Ihnen zu erkennen, dass Sie mit jedem anderen Menschen auf dem Planeten verbunden sind. Lassen Sie sich von diesem Gedanken trösten. Vertrauen Sie darauf, dass Sie in jedem Moment göttlich geführt, beschützt und unterstützt werden.

Arbeiten Sie mit dieser Blume, wenn Sie jemanden vermissen. Das kann ein geliebter Mensch sein, der weit entfernt wohnt, auf Reisen oder sogar schon gestorben ist. Die Fächerblume hilft, Ihre Emotionen zu heilen, und erinnert Sie daran, dass die Menschen, die Ihnen am Herzen liegen, Ihre Liebe fühlen können, egal wo sie sind.

Botschaft der Fächerblume: »Erlaube mir, dir den Trost zu geben, den du jetzt brauchst. Ich spüre, dass du dich einsam fühlst und getrennt von jenen, die dir am Herzen liegen. Bitte mache dir bewusst, dass du nie allein bist; auf einer tiefen Seelenebene sind wir alle jeden Augenblick eines jeden Tages miteinander verbunden. Bei jedem Gedanken, der dir in den Sinn kommt, und jeder Entscheidung, die du triffst, wirst du von Gott und den Engeln unterstützt. Erlaube mir, dich wieder mit dem liebevollen Licht Gottes zu verbinden. Du wirst dich erneut als Teil des Ganzen fühlen. Sorge dich auch nicht bezüglich der Menschen, die du liebst; sie sind ebenso von Gott beschützt wie du. Die Engel und ich senden ihnen genau in diesem Augenblick deine Liebe.«

Flamingoblume

Botanische Bezeichnung: *Anthurium* spp.

Weitverbreitete Varianten: Flamingolilie (*anthurium andraenum*)

Energetische Eigenschaften: Intensiviert Leidenschaft, Liebe und Romanzen; verstärkt Sinnlichkeit; die Kunde der Liebe verbreiten; hilft, liebevolle Worte zu finden

Assoziierte Erzengel: Gabriel und Jophiel

Assoziierte Chakren: Herz-und Kehlchakra

Beschreibung der heilenden Eigenschaften: Die Flamingoblume ist eine herzzentrierte Blume, die ihre Energie auf Liebe und Leidenschaft fokussiert, was Ihnen hilft, eine tiefe Verbindung mit ihr einzugehen. Dadurch überträgt die Flamingoblume diese Energie auch auf die Menschen in Ihrer Umgebung. Besinnen Sie sich abermals der alten Redewendung: »mit gutem Beispiel vorangehen«. Sie sind in der Lage, die friedliche Natur, die ein liebender Mensch ausstrahlt, vorzuleben und auf diese Weise andere zu inspirieren, für sich selbst den gleichen Weg zu wählen.

Flamingoblumen halten auch als Schnittblumen verhältnismäßig lange. Unter Umständen ist dies auf die Wichtigkeit der heilenden Botschaft dieser exotischen Blume zurückzuführen. Vielleicht hat Gott das Gefühl, als müsste diese Blume länger bei Ihnen sein, damit Sie wirklich zu schätzen lernen, was diese Blume zu leisten vermag.

Botschaft der Flamingoblume: »Ich intensiviere Leidenschaft, Sinnlichkeit und Romantik. Ich erlaube dir, dein Herz zu öffnen, sich tief mit anderen Menschen zu verbinden und ihnen auf diese Weise die wahre Botschaft der Liebe zu vermitteln. Ich führe dich durch deine liebevollen Handlungen, Worte und Entscheidungen. Jetzt ist für dich die Zeit gekommen, dieses umfassende Gefühl der Liebe in dir zu entdecken. Dann kannst du anderen helfen, die sich mit dir in diesem Zustand der Glückseligkeit verbinden, was ein sehr natürlicher Prozess ist, den ich mit Freuden begünstigen möchte.

Lass die Welt an den Strömen der Liebe teilhaben, die in deinem Inneren fließen. Du bist jetzt dabei, deine gottgegebene Passion voll anzunehmen, was es dir möglich macht, andere Menschen zu inspirieren. Ich werde dir helfen, deine Worte zu wählen, damit sie die größtmögliche liebevolle Energie ausstrahlen. Das wird sich unter deinen Mitmenschen herumsprechen, damit auch sie beginnen können, ihre Worte mit Liebe zu wählen.«

Flieder

Botanische Bezeichnung: *Syringa vulgaris*

Energetische Eigenschaften: Beseitigung von Depressionen; bringt ein Gefühl von Frieden und Ruhe; vertreibt Sorgen und Ängste

Assoziierter Erzengel: Michael

Assoziiertes Chakra: Solarplexus

Beschreibung der heilenden Eigenschaften: Flieder ist eine wunderbar beruhigende Blume, die hilft, den Trubel des täglichen Lebens zu bekämpfen. Sie ist perfekt für alle, die unter Depressionen und Ängsten leiden. Wenn Ihre Stimmung bedrückt, Ihre Energie auf dem Nullpunkt und jeder Tag eine kaum zu bewältigende Herausforderung ist, kann der Flieder Ihnen helfen. Wenn Sie mit dieser Blume arbeiten, können Sie erneut jeden Moment eines jeden Tages genießen. Sie werden die neuen Erfahrungen lieben, die Sie jetzt mit anderen teilen können.

Botschaft des Flieders: »Ich agiere als Freund, dessen warme Umarmung dir in deinen Zeiten der Not Trost und Ruhe bringt. Entspanne deinen Geist für einen Moment. Lass uns gemeinsam jene irritierenden, deprimierenden Gedanken loslassen, die schon seit Langem deinen Kopf schwer machen, und sie durch positive Sichtweisen und Gefühle ersetzen. Du hast die Kraft dazu, und ich bin hier, um dir zu helfen, während du anfängst, das Leben im Hier und Jetzt wieder zu genießen. In der Vergangenheit hat es Zeiten gegeben, wo du dich schlecht und unglücklich gefühlt hast, doch die Dinge sind jetzt dabei, sich zu verändern. Du wirst genau das Leben haben, das du wirklich ersehnst und das dir zusteht. Du hast weder jetzt noch jemals *verdient*, unglücklich und depressiv zu sein. Die Engel möchten, dass du jeden Tag deines Lebens genießt. Bitte erlaube mir, diese dunkle Wolke aus deiner Seele zu nehmen. Dann wirst du erneut in der Lage sein, die Freuden des Lebens zu erfahren.«

Frangipani

Alternativer Name: Roter Frangipani

Botanische Bezeichnung: *Plumeria* spp.

Energetische Eigenschaften: Spirituelle Kommunikation; höhere Vibration; Verbesserung Ihrer Intuition

Assoziierte Erzengel: Metatron und Raziel

Assoziierte Chakren: Drittes-Auge- und Kronenchakra

Beschreibung der heilenden Eigenschaften: Frangipani hilft Ihnen, Ihre Energie zu verbessern, was die Kommunikation mit den Engeln und Gott zu einem sehr unkomplizierten, natürlichen Prozess macht. Vertrauen Sie auf die himmlischen Kräfte. Sie werden tiefer mit Ihrer Intuition verbunden sein; hören Sie auf die Gefühle und Empfindungen, die Sie empfangen.

Botschaft der Frangipani: »Ich werde dir zu einer noch innigeren Verbindung mit der himmlischen Ebene der Engel verhelfen. Ich weiß, dass du dich schon lange nach einer tieferen Kommunikation mit diesen Wesen der Liebe sehnst, von denen du zu jeder Zeit umgeben bist. Ich würde mich geehrt fühlen, wenn du mir erlaubst, deinen Energielevel zu verbessern. Ich werde deine Vibration bis zu einem Grad erhöhen, wo du die Engel und Gott klar hören, sehen und fühlen kannst und dir ihrer Präsenz bewusst bist. Sobald dieser Prozess abgeschlossen ist, wirst du sehr klare Botschaften und ständige Führung erhalten. Vergiss nicht, in jedem Moment deinen intuitiven Gefühlen zu folgen.«

Freesie

Botanische Bezeichnung: *Freesia* spp.

Energetische Eigenschaften: Heilung der Wirbelsäule und des Rückens; entspannt den Rücken; findet den perfekten Arzt, Heiler oder Therapeuten; schenkt Mut und Kraft

Assoziierte Erzengel: Michael und Raphael

Assoziierte Chakren: Wurzel- und Solarplexuschakra

Beschreibung der heilenden Eigenschaften: Die Freesie fokussiert ihre Energie auf die Wirbelsäule, indem sie die physische Heilung bei Rückenproblemen unterstützt. Sie hilft, den perfekten Arzt, Heiler oder Therapeuten zu finden, um Ihre Beschwerden zu behandeln und Ihre Gelenke geschmeidig zu halten. Diese Blume sorgt zudem dafür, dass Sie sich Ihres Körpers bewusster werden. Sie werden Möglichkeiten entdecken, wie Sie Ihre Haltung verbessern können, was Ihnen ein noch größeres Wohlgefühl schenkt.

Die Freesie arbeitet darüber hinaus an Ihrem *energetischen* Rückgrat, indem sie Ihnen den Mut gibt, für das einzustehen, was Sie glauben. Sie gibt Ihnen Schutz, indem sie Ihnen erlaubt, Ihre Wahrheit zum Ausdruck zu bringen. Die Freesie unterstützt Sie bei Ihren spirituellen Fortschritten und gibt Ihnen ein Gefühl der Sicherheit, während Sie sich kontinuierlich weiter selbst entdecken.

Botschaft der Freesie: »Ich vermittle deinem energetischen Rückgrat viel benötigte Unterstützung und gebe dir den Mut, der Welt zu zeigen, wer du wirklich bist. Darüber hinaus bringe ich auch deinem physischen Rücken meine heilende Kraft. Lass deinen Rücken und deine Rippen von meiner Energie umhüllt sein. Ich werde jegliches Unwohlsein und Schmerzen beseitigen und die Bereiche in Harmonie bringen, die aus dem Gleichgewicht geraten sind. Falls du schon länger Probleme mit deinem Rücken hast, rufe dir in Erinnerung, welche Heilungsmodalitäten für dich am segensreichsten waren. Dann werde ich dich Schritt für Schritt zu dem idealen Therapeuten führen, jemandem, der deine Gelenke wieder geschmeidig macht, auf dass sie perfekt funktionieren.«

Fuchsie

Botanische Bezeichnung: *Fuchsia* spp.

Energetische Eigenschaften: Probleme überwinden; Stress loslassen; entschlossen weitergehen

Assoziierte Erzengel: Metatron und Michael

Assoziierte Chakren: Wurzel-, Sakral-, Solarplexus- und Herzchakra

Beschreibung der heilenden Eigenschaften: Diese zauberhaften Blumen sehen aus wie kleine Feen und Engel, in festliche Gewänder gekleidet. Die Energie der Fuchsie ist so liebevoll und tröstlich wie eine warme Umarmung – sehr ähnlich der von Engeln. Diese Blume erlaubt Ihnen, sich über Ihre gegenwärtige Situation und Sorgen zu erheben und stattdessen Glück und ein stressfreies Leben zu führen. Die Fuchsie fordert Sie auf, entschlossen weiterzugehen, weil Sie kurz davor stehen, den Durchbruch zu schaffen und all Ihre Hindernisse und Probleme zurückzulassen.

Botschaft der Fuchsie: »Erlaube mir, dass ich dich an die Hand nehme. Ich werde dich über deine jetzige Situation erheben und dich zu einem Ort des Friedens und der Freude bringen. Hier wirst du in der Lage sein, die Ursache dieser gegenwärtigen Situation voll zu verstehen. Lass die Anspannung und den Stress los, an den du dich gewöhnt hast – dies ist nicht die richtige Art zu leben. Bitte arbeite mit mir, um diese Schwere abzulegen. Erinnere dich an die Freude, die du erfahren kannst. Lass uns einen Moment Zeit nehmen, damit sich deine Flügel entfalten können und dir die Möglichkeit geben, dich strahlend über deine Schwierigkeiten zu erheben und sie ein für alle Mal hinter dir zu lassen!«

Gänse-blümchen

Alternative Namen: Gemeines Gänseblümchen, Maßliebchen, Tausendschönchen

Botanische Bezeichnung: *Bellis perennis*

Energetische Eigenschaften: Beseitigung von Drama und Stress; vereinfacht Ihr Leben; Entspannung; Selbstfürsorge

Assoziierter Erzengel: Metatron

Assoziierte Chakren: Wurzel-, Sakral-, Solarplexus- und Kronenchakra

Beschreibung der heilenden Eigenschaften: Wenn Sie von Gänseblümchen umgeben sind oder sich zu dieser Seite des Buches hingezogen fühlen, sollten Sie diesem Gefühl bitte Beachtung schenken. Nehmen Sie sich genügend Zeit, zu entspannen und Ihre Batterien neu aufzuladen. Die Engel verstehen, dass Sie in letzter Zeit besonders viel um die Ohren hatten, und umgeben Sie mit ihrer Liebe und Fürsorge. Erlauben Sie ihnen, sich um Sie zu kümmern und die Last von Ihren Schultern zu nehmen.

Stellen Sie sich ein Kind vor, wie es einen Kranz aus Gänseblümchen flicht: das ist der Geisteszustand, den diese Blume in Ihr Leben bringt. Gänseblümchen bringen Frieden, damit Sie sich auf das fokussieren können, was wirklich wichtig ist.

Botschaft des Gänseblümchens: »Du musst dein Leben vereinfachen! Du hast dir so viel aufgeladen und dich um zu vieles gleichzeitig gekümmert. Deine Energie ist fast auf dem Nullpunkt, daher wirst du immer schneller müde. Das muss sofort aufhören! Ich hülle dich ein und gebe dir die Gelegenheit, Drama und Stress loszulassen. Lass mich dir helfen, diese Situation zu heilen, damit du immer fokussiert und entspannt bleiben kannst. Vielleicht denkst du, dass Entspannung für dich keine Option ist, doch du musst sie zu einem Teil deiner täglichen Routine machen.

Ich bitte dich inständig, Methoden der Selbstfürsorge zu finden und jeden Tag ein wenig Zeit damit zu verbringen, das zu tun, was du liebst – Lesen, Meditieren, Gärtnern oder was auch immer es sein mag, das dir Erleichterung bringt. Sei versichert, dass dein Stress bald vorbei sein wird; ich arbeite jetzt gemeinsam mit dir daran, diesen Zustand wohltuender Entspannung zu erreichen.«

Gardenie

Botanische Bezeichnung: *Gardenia* spp.

Weitverbreitete Variationen: Arabischer Jasmin (*Gardenia jasminoides*), Tahiti-Gardenie (*Gardenia taitensis*)

Energetische Eigenschaften: Vertreibt Stress und Ängste; ermutigt Sie, Spaß zu haben; bringt Freude und Verspieltheit; erinnert Sie daran, dass Ihre Engel Ihre Gebete erhören

Assoziierte Erzengel: Metatron, Michael, Raphael und Sandalphon

Assoziierte Chakren: Wurzel-, Herz- und Kronenchakra

Beschreibung der heilenden Eigenschaften: Die Gardenie ist eine wundervolle Blume für jeden, der unter chronischem Stress leidet. Diesen Personen sei wärmstens empfohlen, in ihrem Garten oder in einem großen Topf einen Strauch Gardenien zu pflanzen – an einem Ort, wo man die Blume immer wieder aufs Neue bewundern kann. Ihre Blüte klärt stressige Emotionen und erinnert Sie daran, dass es an der Zeit ist zu lächeln und zu spielen. Zu lange haben Sie aufgrund der stressvollen Situationen, von denen Sie umgeben waren, unter Energieverlust gelitten. Die Gardenie wird dafür sorgen, dass Sie sich wieder unbeschwert und glücklich fühlen.

Botschaft der Gardenie: »Behalte mich in deiner Nähe und atme meinen zarten Duft ein. Ich werde dir helfen, all den Stress und die Sorgen zu vergessen, die du zuvor gefühlt hast. Jetzt ist es an der Zeit für dich, den wohligen und beseligenden Teil deines Lebens zu genießen. Vorbei sind die schwierigen Umstände, die deine Energie geraubt haben. Genieße einfach jeden Tag mit einem neu gefundenen Gefühl der Kreativität und Motivation. Sei versichert, dass die Engel deine Gebete um Hilfe gehört haben und dir in diesem Moment helfen, die Dinge zu vereinfachen. Das Leben sollte genossen und geschätzt werden; es gibt keinen Grund für dich, jeden Tag stressgeplagt aufzuwachen und dir Sorgen zu machen. Lass uns gemeinsam deine Sorgen den himmlischen Kräften übergeben. Jetzt bist du frei, die vor dir liegenden Tage voll zu genießen.«

Geranie

Alternativer Name: Storchschnabel

Botanische Bezeichnung: *Geranium* spp.

Energetische Eigenschaften: Energetischer Schutz; Stärkung und Wiederherstellung Ihrer Aura

Assoziierte Erzengel: Metatron, Michael und Raphael

Assoziierte Chakren: Drittes-Auge- und Kronenchakra

Beschreibung der heilenden Eigenschaften: Die Geranie hilft, Verletzungen in Ihrem aurischen Feld zu heilen. Diese »Unterbrechungen« in der Aura können auf eine Vielzahl von Ursachen zurückgeführt werden, wie zum Beispiel Alkoholexzesse, Drogenmissbrauch, Aufenthalt in negativer Umgebung und die Gesellschaft negativer Personen. Außerdem verletzen Sie Ihre Aura, wenn Sie sich zwingen, eine Sache bzw. Situation weiterzuführen, für die Sie weder Begeisterung noch Leidenschaft empfinden. Die Geranie hat die Fähigkeit, alle Auswirkungen solcher Situationen zu heilen.

Jedoch warnt die Energie dieser Blume Sie, ihre Macht nicht zu missbrauchen. Bitte bleiben Sie nicht in diesen negativen Situationen und verlassen Sie sich nicht allein darauf, dass die *Blumen der Engel* den ganzen Schlamassel beseitigen.

Botschaft der Geranie: »Du hast deiner Energie erlaubt, sich zu weit auszudehnen. Es ist Zeit für dich, deine Mitte wiederzufinden. Lass uns gemeinsam deine Aura wieder in einen gesunden, funktionierenden Zustand bringen. Dein Energiefeld ist in der Vergangenheit vernachlässigt worden, doch jetzt stärke ich es, damit du energetisch beschützt bist. Ich kann dir helfen, den Schaden zu reparieren, der deiner Aura zugefügt worden ist, und sie wieder in ihren ursprünglichen, gesunden Zustand bringen. Deine gottgegebene Lebenskraft und Energie wird zunehmen, und du wirst jeden einzelnen Tag genießen. Wenn du am Morgen aufwachst, wirst du aus dem Bett springen, begierig darauf, den vor dir liegenden Tag zu begrüßen.«

Gerbera

Alternativer Name: Kapkörbchen

Botanische Bezeichnung: *Gerbera* spp.

Energetische Eigenschaften: Alte Freunde trösten; Beziehungen ins Gleichgewicht bringen und stärken; neue Freundschaften anziehen

Assoziierte Erzengel: Jeremiel und Raguel

Assoziierte Chakren: Sakral-, Solarplexus- und Herzchakra

Beschreibung der heilenden Eigenschaften: Gerberas sind die perfekten Blumen, um sie Freunden zu schicken, da sie die Fähigkeit haben, Ihre bestehenden Beziehungen zu festigen. Es ist, als würden Sie auf der energetischen Ebene Ihre Freunde umarmen. Senden Sie einem lieben Menschen, der Trost und Mitgefühl braucht, einen Strauß Gerbera. Diese Blume bringt außerdem neue und aufregende Freunde in Ihr Leben, und häufig sind es Personen, die Ihnen auf irgendeine Weise helfen. Die Gerbera erinnert Sie daran, dass Freundschaften nicht einseitig sein müssen. Sie sollten nicht derjenige sein, der immerzu gibt, zuhört und hilft. Ihre Freunde sollten Ihnen gegenüber genauso mitfühlend und fürsorglich sein. Die Gerbera bringt diesen Energiefluss ins Gleichgewicht. Sie sorgt dafür, dass Ihre Freundschaften für beide Seiten erfreulich und segensreich sind.

Botschaft der Gerbera: »Ich stärke und bereichere deine Freundschaften. Ich fördere Eintracht und Frieden zwischen Freunden. Erlaube mir, neue, wahre Freunde in dein Leben zu bringen, die dir Hilfe und Liebe geben. Wenn du dich ausgelaugt fühlst, so als würden deine Freunde dich ausnutzen, erlaube mir, dass ich diese energetische Ungleichheit korrigiere. Lass uns die göttliche Ordnung wiederherstellen. Freundschaften haben genauso viel mit Empfangen wie mit Geben zu tun. Du verdienst es, Gutes zu empfangen!«

Gladiole

Alternativer Name: Schwertlilie

Botanische Bezeichnung: *Gladiolus* spp.

Energetische Eigenschaften: Erhöhung Ihrer Energie; intensiviert Glücksgefühle; beseitigt Depression und Trauer; heilt Liebeskummer

Assoziierte Erzengel: Jophiel, Michael und Raphael

Assoziierte Chakren: Solarplexus- und Herzchakra

Beschreibung der heilenden Eigenschaften: Die Gladiole ist eine prachtvolle Blume, mit langen tiefgrünen Stielen, auf deren Blütenturm die herrlichsten Farben blitzen. Diese heilende Pflanze beseitigt depressive oder traurige Emotionen, doch handelt es sich hierbei nicht um eine Schnellreparatur; vielmehr ist es ein Schritt in die richtige Richtung. Indem Sie die Dunkelheit aufheben, enthüllen Sie das Licht. Lassen Sie das Licht Ihres göttlichen Wesens strahlen, das Licht Ihrer Seele. Die Zeit ist gekommen, Ihre innere Freude mit der Welt zu teilen und alle an Ihrer Schönheit teilhaben zu lassen. Die Gladiole eignet sich perfekt, um niederdrückende, negative Emotionen und Energien wie beispielsweise Traurigkeit aufzuheben, was diese Blume zu einem wundervollen Geschenk für einen Freund oder eine Freundin in Not macht.

Botschaft der Gladiole: »Ich werde im Handumdrehen deine Stimmung erhellen. Bitte höre nicht auf Gedanken, die dir sagen, dass du schwere Arbeit vor dir hast. Diese Stimmen sind die niederen Vibrationen des Ego. Ich werde dir helfen, sie loszulassen, damit du jetzt sofort die wahre Freude in deinem Herzen erkennen kannst. Du wirst dich bald wieder glücklich und wohlfühlen. Wir müssen lediglich die Schichten bleierner Energie abschälen, von der du umgeben bist. Dabei handelt es sich um einen simplen und unkomplizierten Prozess, und du wirst sofort eine Veränderung in deinem Körper und in deiner Seele fühlen. Genieße die Leichtigkeit, die ich bringe. Schon bald wirst du jene schwierigen Zeiten und Emotionen vergessen und dich von diesem Moment an deines wahren Zustandes von Glück und Freude erinnern.«

Glockenblume

Alternative Namen: Hasenglöckchen, Hyazinthe und Acker-Glockenblume

Botanische Bezeichnung: *Hyacinthoides non-scripta*

Energetische Eigenschaften: Spaß, Spiel, Freude, Vergnügen; Umweltschutzthemen; Stärkung Ihrer Verbindung zur Natur und zu den Feen

Assoziierter Erzengel: Ariel

Assoziierte Chakren: Sakral- und Solarplexuschakra

Beschreibung der heilenden Eigenschaften: Glockenblumen sind Beschützer der Natur und können helfen, jede Art von Sorgen um die Umwelt zu heilen, da sie eng mit Mutter Erde verbunden sind und eine starke Affinität zu Feen haben. Wie sie haben auch die Glockenblumen zwei Seiten: eine lustige, freudige Seite und eine ernste Seite. Je mehr Sie mit dieser Blume arbeiten, desto mehr Lachen und Glück werden Sie in Ihrem Leben finden, mit deutlicher Unterströmung von Verspieltheit. Ihre Emotionen und Gedanken werden wesentlich von Freude geprägt sein. Die Feen wissen, dass viele Menschen nur wenig Zeit für Vergnügen und Spaß haben, daher ist es ihnen ein Herzensanliegen, Türen zu öffnen, damit Sie spielen und sich vergnügen können.

Botschaft der Glockenblume: »Spaß! Ich bringe Glück und Leichtigkeit in deine Seele. Ich bin tief verbunden mit der Energie der Feen; ich arbeite eng mit ihnen zusammen und helfe ihnen. Häufig biete ich diesen wundervollen Naturgeistern einen sicheren Hafen. Stell dir vor, wie glücklich ich bin, wenn eine Fee mir das Vertrauen erweist, sie für die Nacht beherbergen zu dürfen. Wenn du mit mir arbeitest, wirst du die erhebende Energie fühlen, die diese zauberhaften Wesen dir bringen. Vielleicht wirst du feststellen, dass du sensitiver wirst für Themen, die mit der Natur zu tun haben, und eine neu gefundene Leidenschaft für Mutter Erde entdecken. Bitte gib jedem Verlangen nach, das dich drängt, mehr Zeit draußen zu verbringen. Ich werde dich mit Liebe und Glückseligkeit belohnen.«

Erika

Alternative Namen: Heidekraut, Besenheide, Moorheide

Botanische Bezeichnung: *Calluna vulgaris*

Energetische Eigenschaften: Ruhe und Heilung für alle Tiere einschließlich Haustiere

Assoziierter Erzengel: Ariel

Assoziierte Chakren: Wurzel-, Sakral- und Herzchakra

Beschreibung der heilenden Eigenschaften: Erika hilft Tieren in Zeiten der Not. Diese Blume kann die Art von Therapie bieten, die zum entsprechenden Zeitpunkt gebraucht wird. Platzieren Sie Erika in die Nähe Ihres Tieres, damit ihre heilende Energie zu fließen beginnen kann. Ihre treuen Gefährten werden diesen großherzigen Akt der Fürsorge sehr zu schätzen wissen.

Botschaft der Erika: »Ich bringe deinen tierischen Gefährten Segnungen. Egal um welche Probleme es sich handelt, ich werde helfen. Ich werde deine Haustiere trösten, wenn sie unruhig sind, ihnen helfen, sich in einer neuen Umgebung einzuleben oder ihre Ängste zu beschwichtigen. Ich bringe die Heilung, die dein treuer Gefährte braucht. Kein Tier ist zu groß oder zu klein, als dass meine Energie ihm nicht helfen könnte. Befestige einen meiner Zweige über ihrem Schlafplatz; sprühe ein wenig von meiner Essenz auf ihr Fell, ihre Federn oder Schuppen; oder stelle ein Foto von mir an ihren Lieblingsplatz, damit der Heilungsprozess beginnen kann. Deine Tiere sind mehr als bereit, diese Geste zu akzeptieren, weil sie wissen, dass es zu ihrem Besten ist, wenn sie diese heilende Energie absorbieren. Die Energie ist rein, und es gibt keine verborgenen Motive oder Chemikalien, die ihnen Schaden zufügen könnten. Ich bringe dein geliebtes Tier wieder in den perfekt gesunden Zustand, von dem du weißt, dass er ihm zusteht. Und wenn es an der Zeit ist, einen geliebten Gefährten gehen zu lassen, kann ich helfen, den Übergang in die nächste Welt zu erleichtern, und den Prozess so sanft und angenehm wie möglich machen.«

Heidenelke

Botanische Bezeichnung: *Dianthus* spp.

Weitverbreitete Variation: Batnelke (*Dianthus barbatus*)

Energetische Eigenschaften: Für Freude, Liebe und Romanzen; Manifestation; Erfüllen von Wünschen; erinnert Sie daran zu spielen; eine echte Allzweckblume

Assoziierte Erzengel: Gabriel, Jophiel, Metatron, Michael, Raphael und Uriel

Assoziierte Chakren: Alle Chakren

Beschreibung der heilenden Eigenschaften: Wenn Sie den Kontakt mit dieser Blume aufnehmen, werden Sie viele vergnügliche Erfahrungen machen. Umgeben von liebevollen Menschen, öffnen Sie Ihr Herz. Die Heidenelke erlaubt Ihnen, Ihre wahren Wünsche zu erkennen, und führt Sie bei den Schritten, die Sie unternehmen, um diese Wünsche in die Tat umzusetzen. Diese Blume hilft Ihnen, die Freude in Ihrem Inneren zu finden. Was Sie zu einem wunderbaren Beispiel für andere machen wird, die dann ihrerseits zu heilen beginnen und sich schließlich mit Ihnen verbinden werden.

Die Heidenelke ist zudem die richtige Blume für *jede* Art von Sorgen, die Ihnen vielleicht zu schaffen machen. Sie können ohne Weiteres mit ihr arbeiten, falls Sie die perfekte Blume für Ihre Situation nicht finden können.

Botschaft der Heidenelke: »Ich bringe dir Freude, Liebe und fröhliche Energie. Spiel und Spaß sollten stets ganz oben auf deiner Liste stehen! Ich werde dir helfen, deine Herzenswünsche zu manifestieren, und dich in Zeiten der Not trösten. Wende dich an mich; ich kann dich auf viele verschiedene Weisen führen. Wenn du mich bittest, werde ich eng mit der Ebene der Engel zusammenarbeiten, damit wir gemeinsam zu deinem Besten tätig werden können.

Mach dich bereit, denn wir sind dabei, uns auf eine sehr erfreuliche und erbauliche Reise zu begeben! Für dich ist jetzt die Zeit gekommen, wahrlich glücklich zu sein. Es gibt keinen Grund, warum du nicht alles haben kannst, wonach dein Herz sich sehnt, also lass uns dein Leben mit Liebe und Freude erfüllen. Ich werde dir zu einem perfekten Zustand des Friedens verhelfen, und du wirst andere inspirieren, mit uns auf diese magische Reise zu gehen.«

Hibiskus

Alternativer Name: Roseneibisch

Botanische Bezeichnung: *Hibiscus* spp.

Weitverbreitete Variante: Garteneibisch, auch als Sharonrose bekannt (*Hibiscus syriacus*)

Energetische Eigenschaften: Einheit; Zusammengehörigkeit; Frieden; Glück

Assoziierte Erzengel: Raziel und Chamuel

Assoziierte Chakren: Wurzel-, Herz-und Kronenchakra

Beschreibung der heilenden Eigenschaften: Es ist kein Wunder, dass die Hawaiianer seit Langem mit dem Hibiskus assoziiert werden. Die Hauptbotschaft dieser Blume ist *Zusammengehörigkeit* – womit der hawaiianische Spirit auf einen Nenner gebracht ist. Der Hibiskus erinnert Sie daran, das es um ein Vielfaches schöner ist, mit anderen zusammen als alleine zu sein. Sicher, eine Person kann viel bewirken, doch diese Wirkung kann um ein Vielfaches größer sein, wenn wir von Menschen mit ähnlicher Gesinnung umgeben sind. Hibiskus bringt die Familie enger zusammen, doch die Energie geht noch tiefer. Sie bringt Sie auf eine gemeinsame Seelenebene und erinnert Sie daran, dass wir alle Wesen desselben Schöpfers und derselben Quelle sind.

Botschaft des Hibiskus: »Erlaube mir, alle Menschen zusammenzubringen. Ich werde dich zu einem perfekten Ort der Harmonie und Gemeinschaft bringen. Lerne, dich auf diese göttliche Energie der Einheit und des Einsseins einzustimmen. Visualisiere einen Moment lang, wie du dich perfekt glücklich und im Frieden fühlst. Dann stell dir vor, wie dieser Zustand dich enger mit deiner Familie, Freunden und Kollegen und selbst Menschen zusammenbringen würde, an denen du auf der Straße vorbeigehst. Du hast die große Fähigkeit, sie alle und dich selbst zu heilen, indem du einfach deinen persönlichen Weg der Freude und des Friedens gehst. Wenn du froh und glücklich bist, überträgt sich das auf die Menschen in deiner Umgebung. Ich ermutige dich, dir dieser Verbindung bewusst zu werden und sie einzusetzen, damit der Planet von deinen liebevollen Energien profitieren kann.«

Holzapfel

Botanische Bezeichnung: *Malus* spp.

Energetische Eigenschaften: Vertrauen; Projekte zuversichtlich weiterführen; Führung folgen; neue Konzepte brainstormen; Ihre Ideen mit der Welt teilen

Assoziierter Erzengel: Gabriel

Assoziierte Chakren: Wurzel- und Sakralchakra

Beschreibung der heilenden Eigenschaften: Diese Blume bestätigt, dass Sie auf dem richtigen Weg sind, und ermutigt Sie weiterzumachen. Falls Sie eine neue Idee haben oder sich mit dem Gedanken tragen, eine neue Richtung einzuschlagen, gibt der Holzapfel Ihnen grünes Licht. Diese Blume wird Ihnen helfen, alles zusammenzubringen, was Sie brauchen, um Ihr Konzept weiterzuverfolgen. Das Hauptthema von Holzapfel ist Vertrauen: Sie werden gebeten, Vertrauen in die innere Führung zu haben, die Ihnen gegeben wurde. Es wird nicht lange dauern, bevor Ihre Idee so weit gediehen ist, dass Sie sie mit der Welt teilen können. Herzlichen Glückwunsch!

Botschaft des Holzapfels: »Habe Vertrauen in deine neue Idee, da sie keine gewöhnliche Idee ist; vielmehr handelt es sich um eine göttliche Inspiration, direkt vom Schöpfer gesandt. Ich bin hier, um dir dies zu bestätigen und dir zu versichern, dass du die richtige Entscheidung triffst. Ich werde dich führen, während du diese Idee weiter verfolgst. Es mag ein Weilchen dauern, bis sie Früchte trägt, daher übe dich bitte in Geduld. Ich werde dir die Werkzeuge, die Menschen und das Geld bringen, das du brauchst. So, wie ein Vogel im richtigen Moment aus einem Ei schlüpft, bist du bereit, deine eigenen Mauern zu durchbrechen. Zeige der Welt die wunderbare Idee, die du mit ihr teilen willst.«

Hortensie

Botanische Bezeichnung: *Hydrangea* spp.

Weitverbreitete Variation: Garten- oder Tellerhortensie (*Hydrangea macrophylla*)

Energetische Eigenschaften: Transformation; lebensverändernde Entscheidungen; kein Zögern mehr; Loslassen niederer Emotionen

Assoziierte Erzengel: Jeremiel und Sandalphon

Assoziierte Chakren: Wurzel-, Sakral- und Solarplexuschakra

Beschreibung der heilenden Eigenschaften: Hortensien sind bemerkenswerte Blumen: die Farbe der Blüte ist total von der Umgebung abhängig, in der die Pflanze wächst, sowie vom pH-Gehalt des Erdbodens. Das verwirrt viele Menschen, die Hortensien kaufen. Es kann vorkommen, dass jemand Samen für eine pinkfarbene Hortensie kauft, sie in seinem Garten pflanzt und im nächsten Jahr entdeckt, dass sie blaue Blüten trägt. Das kann einen schon verwundern!

Genau wie die Blüten in der Lage sind, sich in verschiedene Farbtöne zu verwandeln, bringt die Energie der Hortensie die Fähigkeit, sich selbst zu transformieren. Sie kann eine wundersame helfende Hand sein, vor allem wenn es um lebensverändernde Entscheidungen geht. Diese Blume drängt Sie sanft in die richtige Richtung.

Botschaft der Hortensie: »Ich ermögliche eine sanfte, allmähliche Transformation. Ich kann von großer Hilfe für dich sein, wenn du Entscheidungen triffst, vor allem solche, die eine totale Veränderung in deinem Leben bedeuten. Hab keine Angst; ich werde eng mit dir zusammenarbeiten und dafür sorgen, dass dieser Prozess leicht und allmählich vonstatten geht, damit du während dieser wundervollen Zeit des Übergangs keine Unannehmlichkeiten erlebst. Ich verstehe, dass diese Veränderungen zu groß oder zu schwerwiegend erscheinen können, doch wollen wir uns einen Moment Zeit nehmen und den ersten Schritt anschauen, den du mit Gelassenheit und Leichtigkeit zu nehmen in der Lage bist. Richte deinen Fokus nicht auf den unüberwindlich scheinenden Berg vor dir, sondern stattdessen auf jeden individuellen Schritt.

Diese erstaunlichen, positiven Lebensveränderungen können in einem Tempo fortschreiten, das dir angenehm ist. Ich helfe dir, schwierige Emotionen wie zum Beispiel Trauer und Wut zu verarbeiten und sie auf eine Ebene der Liebe zu bringen.«

Hyazinthe

Alternative Namen: Gartenhyazinthe, Traubenhyazinthe

Botanische Bezeichnung: *Hyacinthus orientalis*

Energetische Eigenschaften: Verhinderung von Ablenkungen und Unterbrechungen; klärt die Energie des Verzögerns und Aufschiebens; bringt Fokus und Klarheit; sorgt für mehr freie Zeit

Assoziierte Erzengel: Chamuel und Raphael

Assoziierte Chakren: Wurzel- und Sakralchakra

Beschreibung der heilenden Eigenschaften: Nehmen Sie Hyazinthen, wenn Sie ständig bei dem unterbrochen werden, was Sie gerade tun. Es kann sehr frustrierend sein, wenn Sie davon abgehalten werden, eine wichtige Arbeit zu Ende zu bringen, die Sie zu Ihrer Lebensaufgabe führen kann. Es ist von großer Wichtigkeit, dass Sie die Zeit und den Raum haben, den Sie brauchen, um auf eine coole, ruhige und konzentrierte Weise tätig zu sein. Die Hyazinthe bildet eine Art Schutzschildenergie um Ihre Aura herum und befreit Sie so vor Ablenkungen, damit Sie sich auf die vor Ihnen liegende Aufgabe fokussieren können. Die Hyazinthe ist eine wunderbare Blume, wenn es darum geht, die Angewohnheit des Aufschiebens wichtiger Dinge loszulassen, eine niedere Energie, die uns davon abzuhalten versucht, das Beste aus uns herauszuholen.

Bitte versagen Sie sich nicht länger Ihre eigene Erfüllung. Fangen Sie an, mit der Hyazinthe zu arbeiten, um jegliches Aufschieben und Verzögern ein für alle Mal zu beenden!

Botschaft der Hyazinthe: »Ich helfe dir, wenn du zu viele Dinge auf einmal tun musst. Wenn du ständig abgelenkt und unterbrochen wirst oder die Motivation verlierst, die nächsten Schritte zu tun, zähle auf meine Hilfe; ich werde dir den Fokus und die Klarheit bringen, die du brauchst. Ich kann dafür sorgen, dass du mehr freie Zeit hast, damit du in der Lage bist, in

Ruhe deiner Arbeit nachzugehen. Du musst dich nie mehr angetrieben oder überwältigt fühlen. Du hast endlos viel Zeit und kannst alles tun und erledigen, was vor dir liegt. Nimm jetzt ein paar tiefe Atemzüge und betrachte mich (oder mein Abbild). Erlaube mir, dir zu helfen. Fühle meine Energie, wie sie dich sanft einhüllt. Ich kreiere eine energetische Barriere zwischen dir und den Menschen oder Dingen, die dich ablenken. Die Engel haben große Pläne für dich. Ich weiß, manche Aufgaben scheinen nicht im Zusammenhang mit deiner Lebensaufgabe zu stehen; dennoch müssen sie erledigt werden. Im Anschluss daran werden dir die wichtigeren Aufgaben präsentiert, die auf dich warten.«

Inkalilie

Botanische Bezeichnung: *Alstroemeria* spp.

Weitverbreitete Variante: Papageien-Inkalilie (*Alstromeria psittacina*)

Energetische Eigenschaften: Klärung der Energie von Rivalität und Konkurrenz; ermöglicht, die andere Seite einer Situation zu sehen; verscheucht egobasierte Gedanken

Assoziierte Erzengel: Michael und Raguel

Assoziiertes Chakra: Wurzelchakra

Beschreibung der heilenden Eigenschaften: Die Inkalilie bringt Gleichgewicht, Harmonie und Ruhe in Ihr Leben. Sie hilft Ihnen, die Dinge aus einer anderen Perspektive zu sehen, und beschwichtigt das Gefühl, in Konkurrenz mit anderen sein zu müssen. Diese wichtigen Schritte werden die Energie Ihres Ego klären und Ihnen helfen, auf der spirituellen Leiter weiter nach oben zu gelangen. Die Inkalilie erinnert Sie daran, sich auf Liebe zu fokussieren, die überall um Sie herum existiert. Sie müssen sich nicht mehr vor Verlusten fürchten, da das Universum dafür sorgen wird, dass Ihre Bedürfnisse und die Ihrer Familie erfüllt werden. Bitten Sie um die Hilfe der Engel, und sie werden noch umfassendere Hilfe in Ihr Leben bringen.

Botschaft der Inkalilie: »Gib deinem Wesen Ausdruck durch Liebe und Freude, nicht durch die niedere Energie der Rivalität. Konkurrenzdenken basiert auf der Sichtweise des Ego, dass es nicht genug für alle gibt und dass wir daher anderen etwas wegnehmen müssen, um erfolgreich zu sein. Lass dich nicht von diesem Gedanken des ›Mangels‹ verführen, denn du bist in jedem Aspekt deines Lebens wahrhaft üppig gesegnet. Gott und die Engel werden dich mit allem versorgen, was du je haben möchtest oder brauchst, du musst nur darum bitten.

Darüber hinaus bitte ich dich, die Dinge auch aus den Perspektiven anderer Menschen zu sehen. Manchmal können wir so von uns überzeugt sein, dass wir das Entscheidende einer Situation entweder übersehen oder aber total ignorieren, was ein anderer zu sagen versucht. Ich werde dich an die Wichtigkeit von Gleichgewicht und Harmonie erinnern.«

Iris

Alternative Namen: Bourbonische Lilie oder Sumpfschwertlilie

Botanische Bezeichnung: *Iris* spp.

Energetische Eigenschaften: Entgiftung; Klären alter Energien; Suchtverhalten aufgeben

Assoziierte Erzengel: Michael, Raphael und Uriel

Assoziierte Chakren: Sakral-, Herz- und Kronenchakra

Beschreibung der heilenden Eigenschaften: Die Energie von Iris ist wie eine wunderbare Entgiftung, indem sie Ihr System von alten Emotionen und Negativität reinigt. Nachdem Sie mit dieser Blume gearbeitet haben, werden Sie sich wunderbar fühlen. Ihr gesamter Körper wird mit neuer Energie aufgeladen sein, und Sie werden vor lauter Vitalität strahlen.

Iris kann selbst seit Langem bestehende Qualen und Schmerzen sowie Suchtverhalten jedweder Art klären. Iris fördert eine sanfte Herangehensweise, die Trost und Unterstützung während Ihrer Entgiftungsphase bringen wird.

Botschaft der Iris: »Ich werde dich anleiten, alle Dinge leicht loszulassen, die dir nicht länger dienlich sind, wie zum Beispiel bestimmte Nahrungsmittel, Gewohnheiten und Süchte. Außerdem werde ich dir helfen, Toxine aus deinem Körper zu waschen. Du wirst dich erfrischt fühlen, voll neuer Energie und Lebenskraft. Dann achte darauf, um wie viel länger dein Wohlgefühl anhält. Es mag allmählich beginnen, doch bald wirst du merken, dass du immer aktiver wirst und sogar Dinge tust, die du lange Zeit ignoriert hast.«

Jasmin

Botanische Bezeichnung: *Jasminum* spp.

Weitverbreitete Varianten: Arabischer Jasmin (*Jasminum sambac*), Gewöhnlicher Jasmin (*Jasminum officinale*)

Energetische Eigenschaften: Frieden; tiefe Meditation; Fokus auf Ziele; Manifestation; Weisheit

Assoziierter Erzengel: Raziel

Assoziierte Chakren: Drittes-Auge- und Kronenchakra

Beschreibung der heilenden Eigenschaften: Jasmin vermittelt ein Gefühl von Frieden und Ruhe. Er ermöglicht Ihnen, sich besser auf Ihre höchsten Bestrebungen zu konzentrieren. Darüber hinaus hilft Jasmin, größere Meisterschaft in Ihren kontemplativen Übungen (zum Beispiel Meditation) zu erlangen – ein Grund, warum diese Blume seit Jahrhunderten von buddhistischen Mönchen verehrt wird. Auch der liebliche Duft der Blüten bringt Heilung.

Botschaft des Jasmins: »Ich kann dich tiefer in die Meditationserfahrung führen. Gemeinsam können wir alle Blockaden durchbrechen, bis wir mit deiner wahren Seelenenergie verschmelzen: einem Zustand inneren Friedens und Wohlbefindens. Ich werde deinen Geist beruhigen und dir erlauben, dich zu konzentrieren. Wenn du dich mit meiner Energie verbindest, wirst du ein Gefühl der Gnade und eine wundervolle Ruhe empfinden, die dein ganzes Wesen erfüllt. Du wirst in der Lage sein, dich auf deine Wünsche zu fokussieren und sie schneller Realität werden zu lassen. Du wirst dich größerer Weisheit erfreuen, da ich hohe spirituelle Lehren vieler vorausgegangener Generationen an dich weitergebe.«

Johanniskraut

Botanische Bezeichnung: *Hypericum perforatum*

Energetische Eigenschaften: Erleichterung von Depression; beseitigt Ängste; erhellt Dunkelheit; klärt Konfusion

Assoziierte Erzengel: Metatron, Michael und Raphael

Assoziierte Chakren: Wurzel-, Sakral-, Herz- und Solarplexuschakra

Beschreibung der heilenden Eigenschaften: Johanniskraut ist bekannt für seine Fähigkeit, Angstgefühle und Depressionen zu zerstreuen. Es beseitigt alle Trübungen und Unklarheiten, die Sie vielleicht in Ihrer Seele empfinden, und hebt Sie auf eine Ebene, wo Sie genug Energie und Motivation besitzen, die nächsten Schritte zu tun.

Wenn Johanniskraut als Medizin angewandt wird, seien Sie sich bitte der potenziellen Interaktionen mit pharmazeutischen Medikamenten bewusst. Es sollte nie in Verbindung mit bestimmten weitverbreiteten Antidepressiva oder Antibabypillen eingenommen werden. Jedoch besteht bei *Blumen der Engel* keine direkte Interaktion mit Medikamenten jedweder Art, da Sie auf einer energetischen Ebene mit der Pflanze arbeiten. Daher können Sie diese Modalität benutzen, um auf sichere Weise die Energie des Johanniskrauts in Ihr Leben einzuladen.

Botschaft des Johanniskrauts: »Ich bin wie ein helles, leuchtendes Licht, dessen Strahlen bis in den tiefsten Abgrund zu dir hinunterreichen, um die Dunkelheit zu vertreiben. Ich kann sehen, dass es eine Menge Konfusion in deinem Leben gibt und du in dieser Zeit von komplizierten Ereignissen umgeben bist. Ich werde dich über diese Dunkelheit erheben und dir die Helligkeit zeigen, die du erreichen kannst. Jetzt ist es an der Zeit, den festen Griff zu lockern, mit dem Depression oder Ängste dich fesseln. Doch bitte sei sanft mit dir und versuche nicht, dich zu sehr anzutreiben. Ich werde dir die Energie, den Geisteszustand und die Motivation bringen, dich jenseits deiner momentanen Dunkelheit und Konfusion zu begeben, hin zum Licht.«

Jonquille

Botanische Bezeichnung: *Narcissus jonquilla*

Energetische Eigenschaften: Schutz Ihrer Energie; heilt die Menschen in Ihrer Umgebung; bringt mehr Licht an Ihren Arbeitsplatz und in Ihr Zuhause; beseitigt jegliche Härte aus Ihrem Leben; sorgt für eine friedliche Umgebung

Assoziierte Erzengel: Jophiel, Metatron und Michael

Assoziierte Chakren: Drittes-Auge- und Kronenchakra

Beschreibung der heilenden Eigenschaften: Die Blüten der Jonquille sehen aus wie ein Miniatur-Löwenzahn und besitzen eine ähnliche Energie. Jedoch richtet diese Blume den Fokus auf die Menschen in Ihrer Umgebung. Jonquille reinigt die Energie um Sie herum und bringt sie ins Gleichgewicht. Das Arbeiten mit der Jonquille versetzt Sie in die Lage, einen sanften Übergang in einen friedlicheren Seinszustand zu erreichen. Was automatisch dazu führen kann, dass Sie sich von bestimmten Menschen in Ihrem Leben distanzieren.

Botschaft der Jonquille: »Du bist von Personen umgeben gewesen, die zu streng und harsch sind für deine sensitive Energie, als dass du problemlos damit umgehen könntest. Wende dich an mich, und ich werde dir helfen, dich und die Menschen um dich herum zu heilen. Die Handlungen mancher Individuen in deinem Leben basierten auf der niederen Energie des Ego. Du hast diese Menschen in der Vergangenheit als deine Freunde betrachtet, doch vielleicht ist es an der Zeit, noch einmal darüber nachzudenken. Bist du wirklich bereit, dich weiterhin dieser Negativität auszuliefern? Wenn dies auch ein angsteinflößendes Thema sein kann, versichere ich dir, dass die Engel ganz nah an deiner Seite sind und dich liebevoll zu einer wesentlich besseren Situation führen. Ich werde an der Heilung der Stimmen bestimmter Personen in deinem Umfeld arbeiten, damit auch sie beginnen können, liebevollere Worte zu benutzen und durch ihre Handlungen mehr Licht in die Welt zu bringen.

Ich werde deine empfindsame Natur beschützen, indem ich die Energie um dich herum angenehm und rein halte. Du bist stark genug, weiterhin an der Erfüllung deiner Lebensaufgabe zu arbeiten.«

Kaktus

Botanische Bezeichnung: Alle Variationen von *Cactacea*

Energetische Eigenschaften: Schutz; Zeit zu heilen; Beseitigung von Gefühlen der Zerbrechlichkeit; Sensitivität ins Gleichgewicht bringen; spirituelles Wachstum

Assoziierte Erzengel: Metatron, Michael, Raphael und Raziel

Assoziierte Chakren: Solarplexus-, Herz-, Drittes-Auge- und Kronenchakra

Beschreibung der heilenden Eigenschaften: Die Blüten der Kaktuspflanze sind auffallend schön. Schade ist nur, dass sie nie lange halten! Kakteen zeigen, dass wir keine voreiligen Schlüsse ziehen sollten: Obwohl diese Sukkulenten in der Regel stachelig und dornig sind, können sie heilende Blüten produzieren, die atemberaubend schön sind.

Die Blumen ermahnen Sie, sich den nötigen Raum und die Zeit zu nehmen, um Ihren Körper und Ihre Seele zu pflegen. Dieser Schutz ist hilfreich, während Sie sich auf Ihre erhöhte Sensitivität und Energie einstimmen. Die Blüten des Kaktus möchten Ihnen helfen und dazu beitragen, dass Sie sich während dieser Zeit so wohl wie möglich fühlen. Stellen Sie sich diese Blüten wie eine Bärenmutter vor: Sie werden Sie vor Gefahr schützen und sicher und warm halten, während Sie heranwachsen.

Botschaft des Kaktus: »Erlaube mir, dich zu beschützen, während du dich schutzlos und verletzlich fühlst. Ich weiß, dass du momentan sensitiver bist als sonst. Ich habe gemerkt, dass deine Emotionen völlig durcheinander sind. Das ist okay; ich werde dich mit einem schützenden Schild umgeben, damit du den Raum hast, den du brauchst, um zu heilen und zu wachsen. Vergiss nicht, deine Seele zu nähren, während du deine Kraft wiedererlangst. Es besteht kein Anlass, dich für deine widersprechenden Gefühle zu verurteilen; all dies ist Teil der Wachstumsstufe, auf der du dich momentan befindest. Du bist auf dem Weg zu einer intuitiveren und energetischeren Seinsweise. Dieses Auf und Ab ist vergleichbar mit Wachstumsschmerzen. Du erlebst momentan diffuse Emotionen, weil du nicht sicher bist, wie du mit ihnen umgehen kannst, doch ich bin hier, um dich liebevoll zu lehren, damit du größere Spiritualität erlangst.«

Kamelie

Botanische Bezeichnung: *Camellia* spp.

Energetische Eigenschaften: Den perfekten Partner finden; sich selbst finden; Verlust überwinden

Assoziierte Erzengel: Chamuel, Jeremiel, Jophiel und Raphael

Assoziierte Chakren: Sakral-, Solarplexus-, Herz- und Kronenchakra

Beschreibung der heilenden Eigenschaften: Die Kamelie hilft, mehr Liebe in Ihr Leben zu bringen: die authentische Liebe, die Sie verdient haben und nach der Sie sich sehnen. Wenn Sie auf der Suche nach einem Liebespartner sind, kann diese Blume helfen, Ihren perfekten Partner auf zweierlei Weise zu manifestieren. Zuerst erinnert die Kamelie Sie daran, wer Sie in Wahrheit sind und welche Wesenszüge Sie sich in einem Partner wünschen. Dann dient sie dieser Person gegenüber als Magnet und zieht ihn oder sie jeden Tag ein wenig näher zu Ihnen.

Wenn Sie bereits in einer liebevollen Beziehung sind, signalisiert diese Blume, dass es an der Zeit ist, sich erneut zueinander zu bekennen und sich der wahren Liebe und Leidenschaft bewusst zu sein, die Sie füreinander empfinden. Die Blume erinnert Sie an das, was Sie am jeweils anderen lieben, und hebt Ihre Beziehung damit auf die nächste Ebene.

Botschaft der Kamelie: »Ich kann helfen, schwierige Emotionen aus deiner Vergangenheit aufzulösen, die dich vielleicht noch beeinflussen, einschließlich Trauer und Verlust (eventuell aus einer früheren Beziehung oder weil ein geliebter Mensch gestorben ist). Ich bin hier, um als Erinnerung daran zu dienen, dass du sehr geliebt wirst. Fühle die Liebe deiner Familie und Freunde auf der anderen Seite, die dich in einer tröstenden Umarmung halten. Darüber hinaus werde ich dir helfen, dich selbst zu finden. Die Zeit ist gekommen, dich für das zu akzeptieren, was du wirklich bist. Dann erlaube mir, dir Liebe zu bringen! Ich werde dir helfen, nach dem perfekten Partner zu suchen, nach einer liebevollen Beziehung mit jemandem, der dich voll annehmen wird. Es gibt keinen Grund für dich, etwas vortäuschen zu wollen; akzeptiere dich so, wie du bist. Dich in und mit dir selbst wohlzufühlen gibt mir die Möglichkeit, dir den Menschen zu bringen, der am besten zu deinem *wahren* Wesen passt. Früher hattest du vielleicht immer das Gefühl, auf eine bestimmte Weise agieren zu müssen, um Liebe zu verdienen, doch das ist in Wahrheit nie der Fall gewesen. Bitte lass diese Sichtweise los und mach dich bereit für eine neue Art von Liebesbeziehung!«

Kapuzinerkresse

Botanische Bezeichnung: *Tropaeolum majus*

Energetische Eigenschaften: Stärken der Aura; Schutz; Finanzen in Ordnung bringen; Fülle ins Leben bringen; Emotionen mäßigen

Assoziierte Erzengel: Metatron und Sandalphon

Assoziierte Chakren: Sakral-und Solarplexuschakra

Beschreibung der heilenden Eigenschaften: Kapuzinerkresse bringt Ordnung und Gleichgewicht in verschiedene Bereiche Ihres Lebens. Sie wirkt sich auf Ihr Energiefeld aus, indem sie die schützenden Eigenschaften Ihrer Aura verstärkt. Die Blume unterstützt Sie dabei, Ihre finanzielle Situation ins Gleichgewicht zu bringen, indem sie Ihnen hilft, mehr in Übereinstimmung mit den spirituellen Prinzipien von Geben und Nehmen zu leben. (Sie müssen in jedem Bereich Ihres Lebens nicht nur offen sein, zu geben, sondern auch zu empfangen.) Kapuzinerkresse macht alles leichter und unbeschwerter, was dazu beiträgt, Ihre Stimmungen und Emotionen auszugleichen. Sie werden in der Lage sein, jeden Tag aufs Intensivste zu genießen.

Botschaft der Kapuzinerkresse: »Ich werde helfen, die Energien in deiner Umgebung in Harmonie zu bringen und den Umfang und die Kraft deiner Aura vor allen niederen und schweren Emotionen zu schützen. Du wirst dich sicher und beschützt fühlen, während ich alle Bereiche deines Lebens in Harmonie bringe, einschließlich deiner Emotionen und der Personen in deiner Umgebung. Bitte sei willens, jedwede alte Energie loszulassen, die dich in deiner Reise zur Fülle behindert. Du musst dich nicht mit trivialen Angelegenheiten belasten. Lass alle Sorgen und Ängste los, besonders in finanzieller Hinsicht. Für alles wird jetzt bestens gesorgt. Deine Gebete sind von Gott und den Engeln gehört worden, und sie helfen dir, dein höchstes Potenzial zu erfüllen.«

Kirschblüte

Botanische Bezeichnung: *Prunus* spp.

Weitverbreitete Variante: Japanische Kirschblüte (*Prunus serrulata*)

Energetische Eigenschaften: Intensivierung von Liebesbeziehungen; stärkt Beziehungen; Erkennen der wahren Intentionen Ihres Partners; Anmut, Gelassenheit, Höflichkeit; den richtigen Weg beschreiten

Assoziierte Erzengel: Haniel und Jophiel

Assoziiertes Chakra: Herzchakra

Beschreibung der heilenden Eigenschaften: Kirschblüten bringen Romantik und Anmut. Sie sorgen dafür, dass Sie immer entspannt sind und Ihre Worte klar, aus dem Herzen kommend. Es gibt keinen Grund, warum Sie Ihre eigene Energie herabsetzen sollten. Wichtig ist, dass Sie sich selbst treu bleiben. Wenn Sie mit dieser Blume arbeiten, werden Sie immer authentisch handeln.

Kirschbäume eignen sich wundervoll als Treffpunkte für potenzielle Liebesbeziehungen. Sie helfen Ihnen, das wahre Potenzial der Beziehung zu sehen, und erlauben Ihnen, sich zu entspannen und die Erfahrung zu genießen. Sie können einen Kirschbaum in Ihrem eigenen Hinterhof oder Garten pflanzen, um sich vor Partnerschaften zu schützen, die nicht zu Ihrem Besten sind.

Botschaft der Kirschblüte: »Du weißt, dass es nicht nötig ist, unangemessen oder kindisch zu handeln. Gemeinsam können wir über diese gegenwärtige Situation hinauswachsen, anstatt zu dem sie umgebenden Drama und der niederdrückenden Energie beizutragen. Du wirst stets wie ein perfekter Gentleman oder wie eine Lady handeln. Ich kann dir helfen, dich immer angemessen und ruhig zu verhalten, mit aufrichtiger und tief empfundener Emotion.«

Klee

Botanische Bezeichnung: *Trifolium* spp.

Weitverbreitete Varianten: Weißer Wiesenklee (*Trifolium repens*) und Ackerklee (*Trifolium pratense*)

Energetische Eigenschaften: Ausdauer, Beharrlichkeit; daran denken, um Hilfe zu bitten; nach vorne schauen; Geld ins Leben bringen, finanzielle Ziele erreichen

Assoziierte Erzengel: Jeremiel, Raziel und Uriel

Assoziierte Chakren: Wurzel-, Herz- und Kronenchakra

Beschreibung der heilenden Eigenschaften: Die Menschen neigen dazu, sich auf die Blätter des grünen Klees zu fokussieren und sich an die althergebrachten Assoziationen und Bilder von Klee zu orientieren. Hier richten wir unseren Fokus jedoch stattdessen auf die Blüte. Klee wird häufig als Unkraut bezeichnet und wächst in vielen Ländern, was bedeutet, dass er für die meisten Menschen leicht zugänglich ist. Aus den Blüten kann man machtvolle heilende Kränze flechten, die Ihnen helfen, den nächsten Schritt in Ihrer gegenwärtigen Situation zu tun und finanzielle Sicherheit in Ihr Leben zu bringen. Je näher Sie die Blume bei sich tragen, desto besser. Geben Sie eine ihrer Blüten in Ihre Jacken- oder Handtasche, damit sie Ihnen im Laufe des Tages zu Diensten sein kann.

Außerdem können Sie versuchen, einen simplen Kleekranz zu flechten: Zunächst sammeln Sie ein paar Dutzend Kleeblumen. Schneiden Sie jeden Stiel am Ende vorsichtig ein, sodass eine Art Nadelöhr entsteht – am besten benutzen Sie dazu einen Fingernagel. Ziehen Sie den Stiel einer Blume durch das Loch im Stiel der nächsten. Fahren Sie damit fort, bis Sie eine lange, magische Kette der Fülle in Händen halten.

Botschaft des Klees: »Wenn ich auch nur eine einfache Blüte bin, bringe ich dir die Energie der Ausdauer und Beharrlichkeit. Wenn es hart auf hart kommt, helfe ich dir, den nächsten Schritt zu nehmen. Du musst dich den schwierigen Zeiten stellen, aber es ist nicht nötig, dass du alleine kämpfst. Wende dich an andere Menschen mit der Bitte um Unterstützung. Auch deine Engel werden dir helfen, wenn du ihnen die Erlaubnis gibst und sie in deinem Leben willkommen heißt. Ich kann dir in Bezug auf deine finanziellen Wünsche helfen und dir jetzt wundervollen Wohlstand und Erfolg bringen. Du wirst nicht länger das Gefühl haben, als sei der magische Topf voller Gold immer außerhalb deiner Reichweite. Ich werde ihn zu dir bringen, du musst ihn nur ergreifen. Ich weiß, dass du deine ganzen Kräfte mobilisiert und alles versucht hast, und ich möchte deine Hingabe belohnen.«

Königs-strelitzie

Alternativer Name: Paradiesvogelblume

Botanische Bezeichnung: *Strelitzia* spp.

Energetische Eigenschaften: Verbesserung der Kommunikation; stellt den Kontakt zu Engeln und lieben Verstorbenen her; klärt die Chakren; hilft bei außersinnlichen Readings oder Vorträgen

Assoziierte Erzengel: Gabriel und Metatron

Assoziierte Chakren: Kehl-, Drittes-Auge- und Kronenchakra

Beschreibung der heilenden Eigenschaften: Die Königsstrelitzie ist eine Blume der Kommunikation und Spiritualität. Sie erhöht Ihre Vibration und bringt sie auf die gleiche Ebene wie die der Engel. Sie beseitigt alle bisherigen Blockaden und sorgt für eine leichte Kommunikation mit diesen Wesen der Liebe und des Lichts. Daher ist die Königsstrelitzie eine wundervolle Blume für Hellseher und Engel-Therapeuten. Sorgen Sie dafür, dass Sie ein paar Paradiesvogelblumen in Ihrer Nähe haben, während Sie Ihre Heilungsarbeiten durchführen. Außerdem ist es eine gute Idee, diese Blüten in der Nähe zu wissen, wenn Sie auf der Bühne stehen oder Live-Gruppen-Readings geben, weil sie die Energie hoch halten und dafür sorgen, dass Ihre Verbindung mit den Engeln stark und rein bleibt.

Botschaft der Königsstrelitzie: »Ich werde sanft alle deine Kommunikationsblockaden auflösen. Ich werde den Weg zu höheren Ebenen bereiten und dich auf die spirituellen Verbindungen einstimmen, die dort auf dich warten. Ich helfe dir, Kanäle der Kommunikation zu öffnen, damit du liebevolle Botschaften an andere weitergeben kannst. Erlebe meine Vibration. Du wirst feststellen, dass du in der Lage bist, den Kontakt zu deinen Engeln aufzunehmen und mühelos mit ihnen zu kommunizieren. Ich reinige alle deine Chakren und Energiezentren und bringe sie ins Gleichgewicht, um deine Kommunikation noch weiter zu erleichtern. Deine Intuition wird auf eine höhere Ebene der Genauigkeit gebracht. Ich ermutige dich, zu vertrauen und deinen intuitiven Gefühlen zu folgen.«

Krokus

Botanische Bezeichnung: *Crocus* spp.

Energetische Eigenschaften: Verbesserung Ihrer Fähigkeit als spiritueller Lehrer/spirituelle Lehrerin; gibt Ihnen den Mut, mit Ihrer Lehrtätigkeit zu beginnen

Assoziierter Erzengel: Raziel

Assoziierte Chakren: Drittes-Auge- und Kronenchakra

Beschreibung der heilenden Eigenschaften: Der Krokus gibt Ihnen Vertrauen und Mut. Er hilft Ihnen, den Sprung ins Ungewisse zu wagen, indem Sie Ihre Lebensaufgabe als spiritueller Lehrer/spirituelle Lehrerin verfolgen. Diese Blume weiß, dass Sie die Erfüllung Ihrer wahren Aufgabe immer wieder aufgeschoben haben. Vielleicht sollten Sie die intuitiven Botschaften, die Ihnen geschickt werden, noch einmal neu interpretieren, denn bisher haben Sie sich eher von Angst leiten lassen anstatt von Vertrauen. Angst hält Sie davon ab, andere zu lehren, was Sie lieben, aber wissen Sie was? In Wahrheit tun Sie es schon seit Langem!

Wann immer Sie über Spiritualität sprechen, lernen die Menschen von Ihnen. Was Ihnen wie eine allgemein bekannte Tatsache erscheint, ist für jemand anderen ein tief greifendes Erwachen. Jetzt ist der Moment für Sie gekommen, den nächsten Schritt zu tun. Nehmen Sie Ihre Lebensaufgabe als wundervoller spiritueller Lehrer an und fahren Sie fort, andere zu inspirieren.

Botschaft des Krokus: »Du bist ein spiritueller Lehrer. Bitte suche nicht nach weiterer Bestätigung für diese Tatsache. Ich bitte dich dringend, dir diese Botschaft zu Herzen zu nehmen. Die Zeit ist gekommen, mit deiner Aufgabe zu beginnen. Du hast so viel Weisheit und Liebe an andere weiterzugeben! Es ist nicht nötig, dass du gleich mit großen Seminaren anfängst; eine Person zu unterrichten reicht. Dann wird der Fluss der Energie seinen Lauf nehmen. Akzeptiere deine gottgegebenen Fähigkeiten. Wage den Sprung ins Ungewisse! Die Engel sind bei jedem Schritt dieses magischen Abenteuers an deiner Seite und helfen dir. Was für eine wunderbare Reise ist es, auf die du dich jetzt begibst! Viele Segnungen warten auf dich und andere. Bitte glaube nicht, dass du noch nicht bereit bist oder es dir an ausreichender Erfahrung mangelt. Du hast alles, was du brauchst, um das Leben anderer Menschen positiv zu beeinflussen. Fang an, dein göttliches Wissen mit anderen zu teilen, und ich werde dir exakt die richtige Anzahl von Schülern bringen. Vergiss nicht, dabei bescheiden und zentriert zu bleiben. Jedem Menschen werden die gleichen Gelegenheiten geboten, und niemand ist besser als der andere. Es ist zutiefst erfreulich zu sehen, wie du diesen Schritt nach vorne machst!«

Lavendel

Botanische Bezeichnung: *Lavandula* spp.

Weitverbreitete Variante: Echter Lavendel *(Lavandula angustifolia)*

Energetische Eigenschaften: Beruhigung der Nerven; erleichtert Angstgefühle; fördert den Schlaf; verbessert Hellsichtigkeit; bietet Trost und Bestätigung auf Ihrem spirituellen Weg

Assoziierte Erzengel: Haniel, Jeremiel, Michael und Raziel

Assoziierte Chakren: Wurzel-, Solarplexus- und Drittes-Auge-Chakra

Beschreibung der heilenden Eigenschaften: Lavendel ist berühmt dafür, die Nerven zu beruhigen und den Schlaf zu fördern. Die Anwendung von hochqualitativem ätherischem Lavendelöl (aus dem Bioladen oder der Apotheke) ist eine wunderbare Möglichkeit, die Segnungen und Vorteile dieser Blume zu erfahren. Um den beruhigenden, entspannenden Duft länger anhalten zu lassen, kann man diese Blume trocknen und sie in Beutelchen oder Kissen füllen.

Botschaft des Lavendels: »Erlaube mir, deine Hand zu halten und dir Trost zu spenden. Es gibt keinen Grund, warum du dich nervös oder ängstlich fühlen musst. Ich bin jetzt hier bei dir, um dir zu versichern, dass alles gut ist. Wenn du einen kleinen Strauß oder ein Beutelchen mit meinen Blüten auf deinen Nachttisch legst, werde ich dir die ganze Nacht lang meine energetischen Eigenschaften weitergeben.

Darüber hinaus arbeite ich mit deiner Spiritualität. Ich kann dir behutsam zu größerer Hellsichtigkeit und verbesserter Intuition verhelfen. Ich werde dir helfen, die Ängste loszulassen, die dich im Hinblick auf deinen spirituellen Weg plagen. Wisse, dass deine Reise zum jetzigen Zeitpunkt genau richtig für dich ist. Bitte stelle dich der Herausforderung und beginne mit der Erfüllung deiner gottgegebenen Lebensaufgabe.«

Lilie (gelb)

Botanische Bezeichnung: *Lilium* spp.

Energetische Eigenschaften: Fülle; Wohlstand; Erfolg; Heilung der finanziellen Situation; zieht Geld an

Assoziierte Erzengel: Metatron, Michael und Raphael

Assoziierte Chakren: Wurzel-, Sakral- und Solarplexuschakra

Beschreibung der heilenden Eigenschaften: Gelbe Lilien sind hilfreich, wenn Sie Probleme mit Ihren Finanzen haben. Wenn Sie zum Beispiel ein bisschen mehr Bares für Ihren bevorstehenden Urlaub brauchen, dann werden diese Lilien Ihre besten Freunde sein. Sie arbeiten mit aller Kraft daran, Blockaden zu beseitigen, die Sie vielleicht haben im Hinblick auf das Empfangen ganz allgemein und von Geld im Besonderen. Gelbe Lilien erlauben Ihnen, die Fülle anzuziehen, die Sie in jedem Bereich Ihres Lebens verdienen. Sie werden glücklich und angenehm leben in dem Wissen, dass alle Ihre Bedürfnisse erfüllt werden.

Botschaft der gelben Lilie: »Wenn du mit mir arbeitest, werde ich mich um alle deine finanziellen Probleme kümmern. Stell dir vor, wie wunderbar du dich fühlen würdest, wenn du dir keine Sorgen um deine finanziellen Angelegenheiten machen müsstest und deine sämtlichen Rechnungen stets problemlos bezahlen könntest. Bitte gib mir den vollen Zugang zu deiner finanziellen Situation, damit ich alle unharmonischen Gedanken und Erfahrungen heilen kann, die dich vielleicht zum Thema Geld plagen. Nimm jetzt ein paar tiefe Atemzüge. Ich fungiere wie ein Magnet, der die Energie der Fülle aus jeder Richtung anzieht. Ich bringe Wohlstand in alle Bereiche deines Lebens. Die Macht, die Geld bzw. der Gedanke des Mangels an Geld über dich hat, ist ungesund – lass diesen Zustand eine Sache der Vergangenheit sein und erwarte gespannt die Fülle, die ich deines Weges schicke!«

Lilie (orange)

Botanische Bezeichnung: *Lilium* spp.

Energetische Eigenschaften: Milderung von Depressionen; baut Selbstachtung auf; hilft beim Loslassen alter Lasten; Ruhe; Zufriedenheit; hilft beim Abnehmen

Assoziierter Erzengel: Jophiel

Assoziiertes Chakra: Solarplexuschakra

Beschreibung der heilenden Eigenschaften: Orangefarbene Lilien erlauben Ihnen, über die kleinen Dinge hinauszusehen und die Schönheit und Freude zu genießen, die immer um Sie herum sind. Wenn Sie unter Stress stehen, verheddern Sie sich in der Energie von Angst und sehen nicht mehr, wie üppig Sie gesegnet sind! Orangefarbene Lilien erinnern Sie an diese Tatsache und erlauben Ihnen, alte Lasten loszulassen.

Wenn möglich, kaufen Sie Lilien mit geschlossenen Knospen. Setzen Sie sich mit ihnen hin, fokussieren Sie Ihre Intentionen auf die *Blumen der Engel* und visualisieren Sie, wie die Knospen aufbrechen und ihre Blütenblätter sich entfalten. Achten Sie in den folgenden Tagen darauf, wie wunderbar Sie sich fühlen, während die Lilie allmählich erblüht, Ihre Intention hervorbringt und negative Emotionen klärt. Die Lilie kann bei Depression helfen, niedriger Selbstachtung, Kritik und sogar bei Übergewicht! Lilien sind ein ganz wunderbares Geschenk für Freunde, die eine schwierige Zeit durchleben.

Botschaft der orangefarbenen Lilie: »Ich werde jetzt anfangen, mit dir zu arbeiten, damit du deine emotionalen Altlasten loswirst. Lass uns gemeinsam dein wahres inneres Wesen entdecken. Ich bin hier für dich. Ich weiß, dass du manchmal von Gedanken gequält wirst, die dir nicht gefallen, und dass du dich in der Vergangenheit nicht immer gut behandelt hast. Ich möchte dir gerne helfen, dein wahres Selbst zu sehen und jeden einzelnen Aspekt deines wunderschönen Körpers zu lieben. Mit meiner Hilfe wirst du aufhören, dich auf die kleinen ›Mängel‹ zu fokussieren und dein Augenmerk stattdessen auf all die wundervollen Dinge richten, mit denen du gesegnet bist. Deine sogenannten Mängel sind genau das, was dich speziell und einzigartig macht. Du wurdest von Gott genauso kreiert, wie du bist, und dafür gibt es Gründe. Wann immer du dich niedergedrückt, verstimmt oder aufgebracht fühlst, wende dich bitte an mich, und ich werde dich beruhigen und dafür sorgen, dass du wieder glücklich bist.«

Lilie (rosa)

Botanische Bezeichnung: *Lilium* spp.

Energetische Eigenschaften: Hingabe; Verpflichtung; Versprechen; zu Ihren Entscheidungen stehen

Assoziierte Erzengel: Jeremiel und Raziel

Assoziierte Chakren: Sakral- und Solarplexuschakra

Beschreibung der heilenden Eigenschaften: Pinkfarbene Lilien helfen Ihnen bei persönlichen Schwüren und Gelöbnissen jedweder Art. Diese Lilie ist von großer Hilfe, wenn Sie sich selbst oder anderen etwas versprechen, weil sie dafür sorgt, dass Sie Ihr Wort halten.

Pinkfarbene Lilien bringen zudem Beruhigung und Klarsicht, wenn Sie mit wichtigen Entscheidungen konfrontiert sind. Die Blüten dieser Lilienart sind groß und strahlend pinkfarben, und sie dienen als konstante Erinnerung an Ihre Ziele. Die intensive Farbe ist ein Symbol für die Liebe und Unterstützung, die Ihnen von den Engeln und Feen zuteilwird.

Botschaft der pinkfarbenen Lilie: »Ich kann bei allen Versprechen und Verpflichtungen helfen und dafür sorgen, dass du in deinen Entschlüssen nicht wankst. Bei deiner Verpflichtung kann es sich um alles Mögliche handeln, wie zum Beispiel die Absicht, dich nur noch gesund zu ernähren, mit regelmäßigem Körpertraining zu beginnen oder den Fokus mehr auf die Liebe deiner Engel zu richten. Was auch immer dir momentan Schwierigkeiten bereitet, ich werde dir beistehen und dir Kraft geben, damit du problemlos das erreichen kannst, was du dir wünschst. Egal ob es sich um einen geschriebenen oder mentalen Vertrag mit dir selbst oder jemand anderem handelt, ich bin hier, um zu helfen.«

Lotusblume

Alternativer Name: Indische Lotusblume

Botanische Bezeichnung: *Nelumbo nucifera*

Energetische Eigenschaften: Tiefe Spiritualität; Weisheit; Chakren klären und ins Gleichgewicht bringen; Verbindung zu höheren Wesenheiten, Engeln und Gott

Assoziierte Erzengel: Metatron und Raziel

Assoziierte Chakren: Alle Chakren, vor allem Kronenchakra

Beschreibung der heilenden Eigenschaften: Die Lotusblume hat eine lange, reiche Geschichte, verankert in Spiritualität und Weisheit. Sie ist hilfreich bei der Vertiefung und Verbesserung Ihrer Meditationserfahrungen und hilft Ihnen, den Kontakt mit höheren Wesenheiten und ihrer Führung aufzunehmen. Diese Blüte ist in starkem Maße mit dem Kronenchakra verbunden, ist aber gleichzeitig in der Lage, all Ihre Chakren auf eine sanfte und liebevolle Weise zu reinigen und ins Gleichgewicht zu bringen.

Botschaft der Lotusblume: »Ich bringe profunde Weisheit. Ich beseitige alle Blockaden, die dich daran hindern, deine spirituellen Ziele zu erreichen, und führe dich zu den Methoden und Modalitäten, die du brauchst, um diese Ziele zu realisieren. Ich werde dir helfen, besonders tief zu meditieren und die Verbindung mit göttlichen Wesen aufzunehmen. Lass alle eventuellen Vorurteile los und erlaube, dass ich dich einer tieferen Ebene des Wachstums öffne.

Setze dich in die Nähe eines Teiches voller Lotusblumen oder halte eine Blume zwischen deinen Händen. Schließe die Augen, nimm einige tiefe Atemzüge und fühle, wie sich deine Chakren öffnen, genau wie eine meiner Blüten. Außerdem kannst du visualisieren, wie sich meine Blütenblätter sanft entrollen, um die Reinheit meines Zentrums zu enthüllen.«

Löwen-mäulchen

Botanische Bezeichnung: *Antirrhinum* spp.

Energetische Eigenschaften: Kommunikation; Loslassen von Wut, Hass und Verbitterung; heilt Ihre Stimme; sorgt dafür, dass Ihre Worte liebevoller sind

Assoziierte Erzengel: Jophiel, Metatron, Michael und Raphael

Assoziierte Chakren: Herz- und Kehlchakra

Beschreibung der heilenden Eigenschaften: Das Löwenmäulchen hilft Ihnen, jegliche Negativität zu klären und Ihr innerstes Wesen in einen Zustand von Harmonie und Liebe zu bringen. Wenn Sie kommunizieren, werden Sie keine niederen Energien mehr fühlen.

Wenn Sie eine Blüte des Löwenmäulchens zur Hand haben, können Sie damit auf folgende Weise niedere Emotionen loslassen:

Schreiben Sie Ihre Sorgen auf ein winziges Stück Papier. Ein einziges Wort oder ein paar kurze Sätze reichen aus. Falten Sie das Papier so oft wie möglich. Drücken Sie die Blüte sanft, bis sie sich öffnet (Sie werden merken, dass sie so ähnlich aussieht wie das Maul eines Löwen!), und stecken Sie das Papier hinein. Sie werden augenblicklich Erleichterung verspüren. Jetzt gehen Sie mit dem Löwenmäulchen an eine ruhige Stelle in Ihrem Garten oder einem Park und lassen die Blume feierlich auf die Erde fallen – und damit all Ihre Anspannungen los!

Botschaft des Löwenmäulchens: »Ich bin hier, um deine Stimme zu heilen. Ich erinnere dich daran, deine Worte stets mit Liebe zu erfüllen. Ich verstehe, dass du zuweilen harsche Gedanken gedacht hast. Ich kann diese schwere Energie auflösen. Erlaube mir, deinen Fokus erneut auf Liebe und Harmonie zu richten.

Am besten ist es, anderen nie negative oder verletzende Dinge zu sagen. Als Mensch wirst du gelegentlich unfreundliche Gedanken haben, doch ist es wichtig, diese Gedanken nicht auszusprechen, um der Negativität keine Macht zu geben. Erlaube mir, diese Energie aus deinem System zu beseitigen und dir zu helfen, auf dem Pfad des Friedens zu bleiben.«

Löwenzahn

Botanische Bezeichnung: *Taraxacum officinale*

Energetische Eigenschaften: Loslassen niederer Energien; lehrt den Umgang mit Emotionen; erfüllt Wünsche

Assoziierte Erzengel: Jophiel, Raguel, Raphael und Raziel

Assoziierte Chakren: Wurzel-, Herz-, Kehl- und Kronenchakra

Beschreibung der heilenden Eigenschaften: Der Löwenzahn bietet mehrere Verwendungsmöglichkeiten. Die gelbe Blume kann Wut, Verbitterung und Eifersucht heilen. Sie nimmt diese niederen Emotionen nicht weg; stattdessen richtet sie Ihre Aufmerksamkeit auf die Ursachen dieser Gefühle. Dann können Sie diese Emotionen verstehen und sind in Zukunft besser in der Lage, mit ähnlichen Erfahrungen umzugehen.

Die charakteristischen weißen, schneeballähnlichen Löwenzahnsamen eignen sich wunderbar, um mit ihnen zu arbeiten; und ganz besonders eignen sie sich dafür, Ihre Träume wahr zu machen. Versuchen Sie es mit dieser Manifestationstechnik, die sogar die meisten Kinder kennen:

Pflücken Sie einen »Schneeball« und halten Sie den Stiel in der Hand. Schließen Sie einen Moment lang die Augen und atmen Sie ein paarmal tief ein und aus. Fokussieren Sie sich auf Ihre Wünsche und Ihre von Herzen kommenden Ziele. Und jetzt stellen Sie sich diese Wünsche und Ziele als bereits erreicht vor! Nehmen Sie zwei langsame, tiefe Atemzüge; und wenn Sie zum dritten Mal einatmen, öffnen Sie Ihre Augen und pusten Sie mit aller Kraft auf den Schneeball, bis seine flauschigen Samen durch die Luft fliegen. Die Engel sagen, dass diese Samen wie kleine Botschafter sind, die in die Welt hinausgehen und dafür sorgen, dass Ihr Wunsch in Erfüllung geht.

Botschaft des Löwenzahns: »Vergiss nicht, die Engel um Hilfe zu bitten. Sie können an deine Seite eilen und dir die Erleichterung und Liebe bringen, die du brauchst. Ich möchte dir gerne helfen, über negative Energien wie Verbitterung und Wut hinauszuwachsen. Sobald du diese Gefühle analysierst, kannst du ihre wahre Ursache sehen, sie beseitigen und los-lassen. Wut ist das Resultat von Emotionen, die auf die falsche Weise gechannelt werden – wenn dein Körper nicht weiß, wie er die Gefühle, die er erlebt, interpretieren soll, gibt er ihnen durch Wut und Zorn Ausdruck. Schau dir deine gegenwärtige Situation noch einmal genau an: Bist du total frustriert und wütend auf andere oder auf dich selbst?

Darüber hinaus kann ich dir helfen, deine Wünsche zu manifestieren. Lass uns gemeinsam deine wahren Herzenswünsche in die Realität umsetzen.«

Magnolie (rosa)

Botanische Bezeichnung: *Magnolia* spp.

Energetische Eigenschaften: Verbesserung der Fruchtbarkeit und Förderung der Empfängnis

Assoziierte Erzengel: Chamuel und Haniel

Assoziierte Chakren: Wurzel, Sakral-, Herz- und Kronenchakra

Beschreibung der heilenden Eigenschaften: Die Magnolie ist am machtvollsten zur Zeit ihrer Blüte. Bevor sich die hinreißend schönen Blüten zeigen, ist der nackte Baum wie ein bloßes Skelett und lässt kaum ahnen, in welche Schönheit er sich bald verwandeln wird. Magnolienblüten beschwichtigen Ängste und Sorgen und heilen Probleme bei der Empfängnis.

Botschaft der rosafarbenen Magnolie: »Setz dich zu mir; ich werde dir bei allen Aspekten der Fruchtbarkeit helfen. Ich bin der Mutterbaum. Ich erlaube allem und jedem, ein energetisches Gleichgewicht zu finden, und dazu gehört auch Empfängnis. Bitte lass dich nicht von Gefühlen der Angst beherrschen. Ich sende dir liebevolle Engel der Fruchtbarkeit. Ich kann mit dir arbeiten, egal ob du ein Mann oder eine Frau bist. Ich liebe es, Paare unter meinen Blüten sitzen zu sehen, weil ich dann dafür sorgen kann, dass ihr beide auf einer Wellenlänge seid. Das ist der Augenblick, wo wahre Magie passiert. Lege eine Hand auf meinen Stamm und die andere auf deinen Leib; achte auf die Empfindungen und heilende Energie, die ich dir sende.«

Magnolie (weiß)

Botanische Bezeichnung: *Magnolia* spp.

Energetische Eigenschaften: Entfernung von Toxinen; klärt Verunreinigung und elektromagnetische Strahlung; beendet Suchtverhalten

Assoziierte Erzengel: Metatron, Michael und Raphael

Assoziiertes Chakra: Sakralchakra

Beschreibung der heilenden Eigenschaften: Die großen weißen Blüten der Magnolie eignen sich ausgezeichnet zur Beseitigung physischer oder energetischer Toxine aus Ihrem Umfeld, vor allem für die Reinigung der Luft von Zigarettenrauch. Die Magnolie wird Sie unterstützen, wenn Sie die Absicht haben, sich von jeglicher Art Sucht zu befreien, denn sie wird Ihnen helfen, sanft und angenehm alle schädlichen Substanzen aus Ihrem Leben zu beseitigen.

Botschaft der weißen Magnolie: »Wenn du in der Nähe verschmutzter Gegenden oder in der Innenstadt lebst, kann ich dir ein besonders treuer Freund sein. Ich absorbiere die Verseuchungen aus deiner Umgebung, damit du dich besser und klarer fühlst. Meine Blüten und dunklen, glänzenden Blätter bringen dir Heilung und helfen dir, alle Unreinheiten loszuwerden.

Wenn du von meiner Energie umgeben bist, wirst du sensitiver werden. Achte darauf, ob es bestimmte Nahrungsmittel, Personen, Gewohnheiten oder Umgebungen gibt, die für dich jetzt zu harsch sind, als dass du sie noch länger tolerieren könntest. Ich bitte dich, dir und deinem wundervollen Körper nicht weiterhin dieses Unwohlsein zuzumuten; stattdessen erlaube mir, dir zu helfen, alle Unreinheiten zu beseitigen, damit auch du voll erblühen kannst.«

Mai-glöckchen

Botanische Bezeichnung: *Convallaria majalis*

Energetische Eigenschaften: Frieden; erkennt Ehrlichkeit; macht Ihnen bewusst, wohin Sie gehen

Assoziierter Erzengel: Haniel

Assoziiertes Chakra: Kronenchakra

Beschreibung der heilenden Eigenschaften: Das Maiglöckchen ist eine entzückende kleine Blume mit einer lieblichen, sanften Energie. Die friedliche Natur des Maiglöckchens wird alle Ihre Sorgen dahinschwinden lassen. Diese Blume zeigt Ihnen, wenn jemand nicht hundertprozentig ehrlich ist, daher eignet sie sich hervorragend, wenn Sie Bedenken haben im Hinblick auf einen Liebes- oder Geschäftspartner. Wenn Sie erst einmal erkennen, was er oder sie wirklich beabsichtigt, werden Sie in der Lage sein, die Situation hinter sich zu lassen und sich einer positiveren Erfahrung zu öffnen.

Das Maiglöckchen hilft Ihnen außerdem, Ihre eigenen Gefühle zu identifizieren, damit Sie mit sich selbst total ehrlich sein können, vor allem wenn es um die Richtung geht, die Ihr Leben nimmt.

Botschaft des Maiglöckchens: »Benutze mich, um die wahren Absichten der Personen in deiner Umgebung klar zu erkennen. Ich werde dein persönlicher Lügendetektor sein und dich wissen lassen, wenn Menschen Hintergedanken haben, damit du dich schnell aus unehrlichen Situationen entfernen kannst. Ich werde dafür sorgen, dass deine Energie rein bleibt, indem ich positive, liebevolle Menschen zu dir bringe.

Ich kann dich auch bei deinen eigenen Absichten unterstützen, indem ich dir helfe, dir selbst gegenüber ehrlich zu sein; dann wirst du wissen, ob du auf dem richtigen Weg bist oder nicht. Bitte lass dich nicht in einen Zustand unnötiger Müdigkeit fallen. Vielmehr solltest du dich fragen:

›Was an meiner Lebensaufgabe akzeptiere ich nicht?‹ ›Auf welchen Teil der göttlichen Führung höre ich nicht?‹ ›Welche Gelegenheiten anzunehmen weigere ich mich?‹

Ich werde dir helfen, diese Themen punktgenau zu erkennen, damit du sie ins Licht entlassen kannst.«

Mohnblume

Botanische Bezeichnung: *Papaver* spp.

Energetische Eigenschaften: Erfüllt Wünsche; macht Träume wahr; erinnert Sie an die Macht der Möglichkeiten

Assoziierte Erzengel: Raziel. Uriel und Zadkiel

Assoziiertes Chakra: Kronenchakra

Beschreibung der heilenden Eigenschaften: Mohnblumen sorgen dafür, dass Ihre Wünsche erfüllt werden, indem sie aktiv darangehen, sie in Ihre physische Realität zu bringen. Ihre Wünsche rücken in greifbare Nähe. Versuchen Sie diese Methode, um mithilfe der Mohnblume Ihre Herzenswünsche zu manifestieren:

Besorgen Sie sich in einer Gärtnerei ein paar Mohnsamen. Suchen Sie sich eine schöne Stelle, wo Sie die Samen pflanzen können, entweder in einem Beet oder einem Blumentopf. Halten Sie die Samen in Ihrer Handfläche und visualisieren Sie Ihre Wünsche: *»Mohnblumen, bitte erfüllt mir, so schnell ihr könnt, diese Herzenswünsche. Ich bin jetzt bereit, diese Geschenke zu empfangen. Wenn ihr das Gefühl habt, dass sogar noch etwas Größeres auf mich wartet, bin ich bereit, auch dies zu akzeptieren. Ich danke euch.«*

Botschaft der Mohnblume: »Wünsche werden tatsächlich Wahrheit! Die Realisierung deiner Träume ist näher, als du denkst. Du musst nur darum bitten, und es wird dir gegeben. Ich werde dir jetzt in diesem Moment wundervolle Segnungen bringen. Ich erinnere dich daran, dass du alles haben kannst, was du dir wünschst; es gibt nichts, was du nicht erreichen kannst. Sobald du um die Erfüllung deines Wunsches gebeten hast, erlaube mir und deinen Engeln einfach, die perfekte Gelegenheit zu kreieren, damit dir diese Segnungen zuteilwerden können. Öffne deine Arme. Öffne dein Herz. Du stehst kurz davor, etwas Wunderbares zu empfangen!«

Mondblume

Alternativer Name: Mondblüte

Botanische Bezeichnung: *Ipomoea alba*

Energetische Eigenschaften: Unterbrechung von Zyklen; Rückkehr auf den richtigen Weg; Verwirrung auflösen

Assoziierte Erzengel: Jeremiel und Sandalphon

Assoziiertes Chakra: Kronenchakra

Beschreibung der heilenden Eigenschaften: Die Mondblume ist eine Kletterpflanze, deren Blüten sich nur des Nachts öffnen. Sie hilft Ihnen, Zyklen oder Muster zu unterbrechen, und bringt Sie auf eine gesunde Weise wieder ins Gleichgewicht. Die Mondblume hilft Ihnen, schnell die jeweiligen Lektionen zu lernen, damit Sie diesen gegenwärtigen Zustand der Verwirrung hinter sich lassen können. Die Mondblume, auch Mondblüte genannt, gibt Ihnen 28 Tage (die Dauer des Mondzyklus), um Ihre innere Ruhe wiederzufinden.

Botschaft der Mondblume: »Hast du das Gefühl, als würdest du dich im Kreis drehen? Verbringst du Wochen damit, eine Antwort zu finden, stellst jedoch fest, dass du immer wieder am Ausgangspunkt ankommst? Du solltest noch heute anfangen, mit meiner Energie zu arbeiten! Ich kann den Zyklus beenden, in dem du dich verfangen hast, und dich wieder auf den richtigen Weg bringen. Ich werde dir helfen, die Verwirrung zu klären und die Dinge aus einem anderen Blickwinkel zu sehen. Gib mir 28 Tage, und ich werde wieder Ruhe und Ordnung in dein Leben bringen. Dann wirst du zurück auf deinem göttlichen Weg sein, wo du hingehörst.«

Narzisse

Alternativer Name: Osterglocke

Botanische Bezeichnung: *Narcissus* spp.

Energetische Eigenschaften: Öffnung der Kommunikationskanäle; hilft beim Schreiben und bei öffentlichen Vorträgen; bringt Projekte zum Abschluss

Assoziierte Erzengel: Gabriel, Michael und Raphael

Assoziierte Chakren: Kehl-, Herz- und Drittes-Auge-Chakra

Beschreibung der heilenden Eigenschaften: Die Narzisse ist die Hauptblume der Kommunikation und steht in besonders engem Kontakt mit Erzengel Gabriel. Sie hilft Ihnen, Projekte und Aufgaben mit Leichtigkeit zu Ende zu bringen. Ihre Energie ist hilfreich bei allen Formen der Kommunikation, ob gesprochen oder schriftlich, und erinnert Sie daran, alles auf eine liebevolle, positive Weise auszudrücken. Wenn Sie Vorträge halten, verleiht die Narzisse das nötige Selbstvertrauen und hilft Ihnen, die Herzen und Ohren Ihrer Zuhörer zu gewinnen, damit sie bereit sind, Ihre Botschaften zu empfangen. Die Narzisse kann auch eine große Hilfe sein für Kinder und Erwachsene, die Sprachstörungen haben.

Botschaft der Narzisse: »Lade mich in dein Leben ein, und deine Kommunikation wird harmonisch und göttlich geführt sein. Ich werde einen Filter über dein Kehlchakra legen, damit jedes Wort, das über deine Lippen kommt, von Liebe erfüllt ist. Darüber hinaus helfe ich auf sanfte, beruhigende Weise Kindern, die unter Lern- oder Sprachstörungen leiden. Dann werden sie sich wieder wohl in ihrer Haut fühlen und sich nicht die negativen Urteile anderer zu eigen machen.

Ich werde dir immer helfen, bei deinen Vorträgen oder öffentlichen Reden entspannt und voller Selbstvertrauen zu sein, damit du deine göttliche Botschaft jenen weitergeben kannst, die sie hören müssen. Zudem eigne ich mich wunderbar als Muse für dein Schreiben. Ich werde dich führen, damit du dich an einen festgelegten Zeitplan hältst und jedes Projekt, das du in Angriff nimmst, zu Ende bringst. Ich erfülle alles, was du tust, mit der Energie von Liebe und Frieden.«

Nelke

Alternativer Name: Gartennelke

Botanische Bezeichnung: *Dianthus caryophyllus*

Energetische Eigenschaften: Treue; Hingabe; Engagement; Beziehungen mit Seelengefährten

Assoziierte Erzengel: Haniel und Jophiel

Assoziierte Chakren: Wurzel- und Herzchakra

Beschreibung der heilenden Eigenschaften: Nelken sind wundervolle Blumen, wenn es um Beziehungen geht. Sie sorgen dafür, dass die Dinge immer positiv ausgehen und sich beide Partner gleich stark in die Beziehung einbringen. Nelken eignen sich wunderbar als Hochzeitsblumen, in einem Bouquet oder als Dekoration. Sie fördern lang anhaltende, loyale Beziehungen, die beiden Partnern Erfüllung bringen. Zudem hilft diese Blume, Seelengefährten in das Leben jener zu bringen, die ihn oder sie noch nicht gefunden haben.

Botschaft der Nelke: »Ich bin hier, um beim Thema Treue zu helfen. Wenn du von meiner Energie umgeben bist, wird es keine Zweifel im Hinblick auf deine Treue geben. Du wirst nie anderen Frauen oder Männern nachschauen, wenn du mir nahe bist. Ich sorge dafür, dass deine Beziehung ehrlich und liebevoll ist und dass ihr keine Geheimnisse voreinander habt. Ich bringe auf sanfte Weise die Wahrheit ans Licht, damit die Situation heilen kann.

Wenn du dich nach einem Seelengefährten sehnst, werde ich dir helfen. Ich werde dir klare Beweise geben, dass diese Person *tatsächlich* dein wahrer Partner ist, und du wirst keine Zweifel daran haben. Ich werde dir helfen, jegliche Angst vor Hingabe oder Treue loszulassen. Übergib alle Ängste mir, damit du wirklich deinen Gefühlen folgen kannst. Genieße diese Liebe, die du aus ganzem Herzen verdient hast. Solltest du Führung empfangen, die besagt, dass dieser Liebespartner nicht richtig ist für dich, folge bitte dieser Führung. Ich werde dir helfen, in Würde deiner eigenen Wege zu gehen. Was die Beziehung mit deinem Seelengefährten betrifft, werde ich Liebe bringen und das göttliche Band zwischen euch bekräftigen.«

Orchidee

Botanische Bezeichnung: Jede Variante der *Orchidaceae*-Familie

Weitverbreitete Varianten: *Phalaenopsis* spp., *Dendrobium* spp., *Cymbidium* spp., *Laelia* spp., *Lycaste* spp.

Energetische Eigenschaften: Den Weg weitergehen; Kraft sammeln, um weiterzugehen; gesteckte Ziele erreichen; nach den Sternen greifen; nicht aufgeben

Assoziierte Erzengel: Jeremiel und Sandalphon

Assoziierte Chakren: Sakral-, Herz- und Kronenchakra

Beschreibung der heilenden Eigenschaften: Die Energie der Orchideen hebt Sie immer höher hinauf. Sie ruft Ihnen in Erinnerung, dass Sie nur das Allerbeste verdient haben und dies das Einzige ist, worauf Sie sich fokussieren sollten. Orchideen fungieren wie ein Hilfsteam, das Sie liebevoll vorwärts drängt, auch wenn Sie das Gefühl haben, nicht weitergehen zu können, oder wenn es scheint, als würde die Belohnung in unerreichbarer Ferne liegen.

Botschaft der Orchidee: »Mit jedem Schritt, den du machst, kommst du deinem Ziel unweigerlich näher. Jetzt ist nicht der Moment, aufzugeben; vielmehr ist es an der Zeit, dich immer noch ein bisschen mehr zu bemühen und den nächsten Schritt zu nehmen. Es wird nicht mehr lange dauern, und wenn du durchhältst, wirst du in allernächster Zukunft die Belohnung für deine Mühen ernten. Greife weiterhin nach den Sternen. Fokussiere dich auf dein perfektes Resultat, denn das ist es, was dir in Wahrheit zusteht. Es gibt keinen Grund, weniger als das anzunehmen oder deinen Fokus auf etwas anderes zu richten.«

Passionsblume

Botanische Bezeichnung: *Passiflora* spp.

Energetische Eigenschaften: Die Liebe Ihrer Engel fühlen; Einsamkeit loslassen; bringt Trost und Frieden; stellt den Kontakt her zu Ihren Engeln, Gott sowie anderen Planeten und Sternen

Assoziierter Erzengel: Raziel

Assoziierte Chakren: Herz-, Drittes-Auge- und Kronenchakra

Beschreibung der heilenden Eigenschaften: Die Passionsblume ist eine exquisite, interessante Blume. Die Blüte sieht aus wie das Symbol für das Kronenchakra. Sie hilft, dieses Chakra zu öffnen, um bessere göttliche Kommunikation zu ermöglichen sowie Ihre Verbindung mit den Engeln als auch mit anderen Planeten und Sternsystemen zu vertiefen (aber nur mit Ihrer Erlaubnis).

Der Name *Passionsblume* beschwört romantische Gefühle herauf. Und diese Blume hilft tatsächlich, Liebesbeziehungen auf harmonische Weise in Ihr Leben zu bringen. Diese Blume wird Ihre Aufmerksamkeit auf Ihr Herzzentrum richten, damit Sie die Liebe erkennen können, von der Sie allzeit umgeben sind. Sie müssen nicht bei jemand anderem nach Liebe suchen, denn sie ist Ihnen von jeher zuteilgeworden. Passionsblumen erinnern Sie daran, dass Sie niemals allein sind. Außerdem stellen sie die Verbindung mit dem Mitgefühl und der Hilfe der Engel her.

Botschaft der Passionsblume: »Ich öffne dein Kronenchakra, damit du dich mit der grenzenlosen Fülle der universalen, bedingungslosen, göttlichen Liebe verbinden kannst, die dich umgibt. Du musst dich nicht alleine fühlen; der Trost und Frieden des Himmels ist immer bei dir. Ich öffne dein Herz, damit du die Präsenz der Engel fühlst; bitte um ihre Hilfe, wann immer du sie brauchst. Wende dich an mich, wenn du das Gefühl hast, festgefahren zu sein, oder nicht weißt, welche Richtung du als Nächstes einschlagen sollst. Ich werde dich auf die Energie der Engel einstimmen, die dir Führung geben werden. Ich kann dir diese göttlichen Wesen sehr nahebringen, damit du ihre Botschaften klarer hörst. Lass uns gemeinsam deine gottgegebenen Talente auf eine höhere Ebene bringen.«

Petunie

Alternativer Name: Gartenpetunie

Botanische Bezeichnung: *Petunia* spp.

Energetische Eigenschaften: Spaß, Freude, Verspieltheit und Lachen; stellt den Kontakt zu den Feen her; löst Konflikte; erleichtert Kommunikation

Assoziierte Erzengel: Ariel, Gabriel und Raguel

Assoziierte Chakren: Wurzel- und Herzchakra

Beschreibung der heilenden Eigenschaften: Petunien bringen jedem Freude und Lachen. Pflanzen Sie diese schönen Blumen um Ihr Haus herum, um dafür zu sorgen, dass Sie immer Spaß im Leben haben. Petunien helfen, Spannung zu entschärfen und Kommunikation zu erleichtern. Wenn auch alle Blumen mit dem Königreich der Feen verbunden sind, haben Petunien eine tiefere Verbindung mit ihnen als die meisten anderen Blumen.

Darüber hinaus zeichnen sie sich durch eine starke Affinität zu Erzengel Gabriel aus; die Blüten der Petunie sehen sogar aus wie kleine Trompeten, die Instrumente, mit denen Gabriel assoziiert wird.

Botschaft der Petunie: »*Jetzt* ist es an der Zeit, mehr zu spielen, zu lachen und Spaß zu haben! Erlaube mir, die niederdrückende Energie von Streit und Konflikt loszulassen, die deiner Freude im Wege steht. Ich liebe es, all jenen Glück zu bringen, die bereit sind, es zu empfangen. Stell dir vor, wie viel mehr Energie dir zur Verfügung stünde, wenn du mehr Spaß und Vergnügen hättest. Das ist der Grund, warum ich hier bin: um dir zu helfen, eine fröhliche Energie zu entwickeln, damit du jeden Augenblick eines jeden Tages genießen kannst. Außerdem verbessere ich die Kommunikation und helfe dir, dich auf positive Weise auszudrücken.«

Pfingstrose

Botanische Bezeichnung: *Paeonia* spp.

Weitverbreitete Varianten: Bauernpfingstrose (*Paeonia officinalis*) und Korallenpfingstrose (*Paeonia mascula*)

Energetische Eigenschaften: Fernheilen; Liebe senden; Hilfe in zukünftigen Zeiten; Konflikte im Ausland heilen; Energie verbessern

Assoziierte Erzengel: Raphael und Sandalphon

Assoziierte Chakren: Wurzel-, Sakral- und Herzchakra

Beschreibung der heilenden Eigenschaften: Nehmen Sie Pfingstrosen, um ein Unterstützungssystem für sich selbst aufzubauen, wenn Sie wissen, dass Sie es in der Zukunft brauchen werden. Ein solches System ist besonders hilfreich, wenn es um Situationen wie eine Operation, ein Interview oder einen wichtigen Termin geht. Wenden Sie sich einfach an die Pfingstrose und bitten Sie sie, Ihnen während dieser Zeit Unterstützung zu geben.

Die Energie der Pfingstrose ist erfüllt von Liebe und Heilung, was sie zu einer perfekten Blume macht, um anderen Menschen die Segnungen der *Blumen der Engel* zu senden. Sie können Pfingstrosen alleine oder mit anderen Blüten benutzen, wenn es um Fernheilung geht. Wenn zum Beispiel Ihre Freundin eine Liebesbeziehung sucht, können Sie einen Strauß aus roten Rosen und Pfingstrosen für sie zusammenstellen.

Botschaft der Pfingstrose: »Ich höre dein Herz, wie es deine Familie und Freunde ruft, die weit entfernt leben. Ich werde ihnen jetzt gemeinsam mit dir heilende Gebete und Gedanken senden. Sei versichert, dass deine Lieben die Segnungen, die du ihnen schickst, empfangen, da diese Energie durch das Netzwerk der Engel fließt. Egal wie groß die Entfernung ist, es wird sich anfühlen, als seist du bei deinen Lieben. Stell dir vor, wie du ihre Hände hältst und sie liebevoll umarmst.

Ich kann jedem helfen, auf die richtige Weise mit seiner oder ihrer gegenwärtigen Situation umzugehen. Ich werde sogar Regionen oder Länder heilen, die schwere Zeiten und negative Energie durchleiden.

Der Prozess ist einfach:

Setz dich mit mir hin, lege deine dominante Hand über meine Blütenblätter und bitte dann um Hilfe für deine Lieben oder für eine Gegend auf der Welt, die in Not ist.«

Pinie

Alternative Namen: Kiefer, Föhre

Botanische Bezeichnung: *Pinus* spp.

Energetische Eigenschaften: Emotionale Stärke; Selbstvertrauen; Beseitigung von Negativität; stärker fokussierte Meditation; Schutz

Assoziierte Erzengel: Michael und Raziel

Assoziierte Chakren: Solarplexus-, Herz- und Kehlchakra

Beschreibung der heilenden Eigenschaften: Die Pinie ist ein majestätischer Baum. Obwohl ein Pinienzapfen technisch keine Blume ist (sondern der daraus resultierende Samen), eignet er sich wunderbar als schützender Talisman. Sammeln Sie einige Pinienzapfen und legen Sie sie vor Ihre Haustür, um Negativität draußen zu halten. Wenn dann jemand Ihr Haus betritt, wird er den ungeschriebenen spirituellen Vertrag einhalten, nur mit Liebe zu sprechen und Sie mit Respekt zu behandeln. Wenn Sie in Zeiten, in denen Sie sich verletzlich und extrem sensitiv fühlen, einen Pinienzapfen in die Hand nehmen und ihn um seine Hilfe bitten, wird er Ihre Kraft und Ihr Selbstvertrauen wieder aufbauen.

Pinien-Bonsaibäume, wie der hier abgebildete, sind wundervolle Meditationswerkzeuge. Sie besitzen alle Eigenschaften der Pinie und vertiefen ebenso Ihre spirituelle Erfahrung. Wenn Sie sich in der Nähe dieser Bäume aufhalten, werden Sie spüren, wie Ihre Kraft wächst.

Botschaft der Pinie: »Ich erlaube dir, dich zu deiner vollen Größe aufzurichten und deinen Kopf hochzuhalten. Ich sorge dafür, dass du emotional stabil bleibst. Übernimm nie die Negativität anderer. ›Worte können mich nie verletzen‹ wird zu deinem Mantra werden.

Wenn Menschen die Notwendigkeit verspüren, dich verbal anzugreifen, enthüllt es wesentlich mehr über ihre eigene Unsicherheit als über dich. Denke nicht weiter darüber nach, wie andere dich sehen, und sei total zufrieden mit dem, was und wer du bist. Du bist ein wunderbares und liebevolles Wesen.

Bald wirst du ein Nachlassen der negativen Erlebnisse in deinem Leben bemerken, indem ich dich vor niederen Vibrationen und verletzenden Worten bewahre. Alles, was du hörst oder sagst, wird durch einen Schleier der Liebe gefiltert, was dir und den Menschen in deiner Umgebung zum Segen gereicht.«

Portulak

Botanische Bezeichnung: *Portulaca* spp.

Weitverbreitete Variante: Moosröschen (*Portulaca grandiflora*)

Energetische Eigenschaften: Verbessert Ihre Ernährungsweise und beseitigt das Verlangen nach ungesunden Nahrungsmitteln

Assoziierter Erzengel: Raphael

Assoziiertes Chakra: Sakralchakra

Beschreibung der heilenden Eigenschaften: Die Portulak ist nicht zu bremsen! Hoffentlich sind Sie bereit, sich zu verpflichten, Ihre Lebensweise zu ändern. Diese Blume deutet nicht vorsichtig darauf hin, dass die Zeit für eine Veränderung gekommen ist; Portulak verlangt sie! Gesund zu bleiben hilft Ihnen, den Kontakt mit Ihren himmlischen Freunden aufzunehmen.

Botschaft der Portulak: »Die Zeit ist jetzt für dich gekommen, das Junkfood aufzugeben, das du dir zu lange gegönnt hast. Jedes Mal, wenn du so etwas Ungesundes isst, wird es schwerer, deine Engel zu hören. Stell dir vor, wie es ist, sich gut zu fühlen und voller Energie. Das ist das Leben, das ich mir für dich vorstelle. Beseitige alle Giftstoffe aus deiner Ernährungsweise, und du wirst in der Lage sein, das Leben zu haben, das du dir wünschst. Ich werde keine Zeit verschwenden; mir geht es einzig und allein darum, die Aufgabe zu erledigen. Verpflichte dich, keine ungesunden Nahrungsmittel mehr zu dir zu nehmen. Du weißt, worum es sich dabei handelt! Ich werde dir versichern, dass du keinerlei Versuchungen anheimfallen wirst. Stattdessen wirst du einen Weg der Freude nehmen.«

Primel

Alternative Namen: Gartenprimel, Schlüsselblume

Botanische Bezeichnung: *Primula* spp.

Weitverbreitete Varianten: Schlüsselblume (*Primula vulgaris*) und Wiesenprimel (*Primula veris*)

Energetische Eigenschaften: Heilung für Kinder; verbessertes Verhalten; Schularbeiten erledigen; Energie ins Gleichgewicht bringen

Assoziierter Erzengel: Metatron

Assoziierte Chakren: Alle

Beschreibung der heilenden Eigenschaften: Die Primel ist nicht nur leicht anzupflanzen, sondern man kann auch leicht mit ihr arbeiten! Diese Blume fokussiert ihre Energie darauf, Kinder zu führen. Sie ist eine ausgezeichnete Blume für Kristall- oder Indigo-Kinder, weil sie diesen sensitiven Wesen hilft, sich zu erden, ausgeglichener und fokussierter zu werden. Sie bessert das Verhalten aller Kinder, indem sie ihnen hilft, negative Energien loszulassen, die sie absorbiert haben.

Ermutigen Sie Ihre Kinder, Primeln zu pflanzen und zu versorgen. Diese einfache, aber effektive Methode, die *Blumen der Engel* zu benutzen, wird ihnen helfen, ihre Energie ins Gleichgewicht zu bringen. Wenn Sie keine Möglichkeit haben, Primeln zu pflanzen, können Sie auch entsprechende Bilder und Fotos im Schlafzimmer Ihrer Kinder aufhängen.

Botschaft der Primel: »Fällt es dir schwer, den richtigen Kontakt zu deinen Kindern zu finden? Hast du das Gefühl, sie könnten in der Schule besser sein? Lass mich ihnen helfen, während ich gleichzeitig dir helfe. Du musst dir keine Sorgen um deine Kinder machen. Ich werde helfen, sie in jeder Hinsicht ins Gleichgewicht zu bringen. Kinder können in der einen Minute ruhig und zufrieden und in der nächsten ruhelos und gereizt sein. Das liegt daran, dass sie sehr sensitiv sind und schnell die Energie der Personen in ihrer Nähe und der Umgebung absorbieren, in der sie sich befinden. Wir müssen ihnen diesen Energieaustausch angenehmer machen.

Lass mich Teil der *Blumen der Engel* für deine Kinder sein, und du wirst bald eine positive Veränderung in ihrer Persönlichkeit und ihrer Schulleistung erleben. Sie werden den ganzen Tag über gelassen, ruhig und gesammelt sein.«

Ringelblume

Alternativer Name: Rubingoldhähnchen

Botanische Bezeichnung: *Calendula officinalis*

Energetische Eigenschaften: Heilung; Stärkung und Wiederherstellung der Aura; fördert positive Emotionen; vergrößert Freude

Assoziierter Erzengel: Raphael

Assoziierte Chakren: Solarplexus- und Herzchakra

Beschreibung der heilenden Eigenschaften: Die Ringelblume ist in erster Linie eine Heilungsblume, die Ihnen bei physischen, mentalen und energetischen Problemen hilft. Sie wird Ihnen helfen, die besten Heiler oder Therapeuten zu finden, und Ihnen sanft die wirksamste Form der Heilung bringen. Die Ringelblume repariert Ihre Aura und verstärkt den sie umgebenden Schutzschild; außerdem wirkt sie Wunder im Hinblick auf Ihre mentalen und emotionalen Zustände.

Botschaft der Ringelblume: »Ich bin der Heiler. Ich lasse dir alle Formen positiver Energie zufließen. Ich werde dich zu den perfekten Methoden führen, mit deren Hilfe du diese gesundheitliche Herausforderung meistern kannst. Ich habe eine besondere Affinität für Aura-Heilung, und ich werde deine reparieren und stärken. Ich kann dein energetisches Feld stärken und zu einer schützenden Barriere machen, die dich umgibt, damit dich nur liebevolle Energien durchdringen können und niedere Kräfte ferngehalten werden.

Ich erhelle deine Emotionen und heile Geist und Seele. Genieße die Leichtigkeit und das Lachen, das ich dir jetzt bringe. Du wirst feststellen, dass deine Selbstachtung und dein Selbstvertrauen sowie dein natürliches Energieniveau immer größer werden. Fühle, wie deine Vitalität durch mich zunimmt.«

Rittersporn

Botanische Bezeichnung: *Delphinium* spp.

Weitverbreitete Variation: Feldrittersporn (*Delphinium consolida*)

Energetische Eigenschaften: Erreichung Ihrer Ziele; Realisierung Ihrer Wünsche; die Kontrolle übernehmen; positive Übergänge und Veränderungen; Vertrauen in göttliche Hilfe; Schutz bei Aufenthalt im Meer

Assoziierte Erzengel: Michael und Sandalphon

Assoziierte Chakren: Wurzel-, Sakral-, Solarplexus-, Drittes-Auge- und Kronenchakra

Beschreibung der heilenden Eigenschaften: Rittersporn verscheucht alle Zweifel, die Sie vielleicht im Hinblick auf Ihre nächsten Schritte plagen. Es bringt Sie auf den richtigen Weg und erinnert Sie daran, dass Sie stark genug sind, um weiterzumachen. Was noch wichtiger ist: Rittersporn hilft Ihnen, sich zu erinnern, dass Sie göttlich geführt und unterstützt werden. Die Engel und Blumen werden Sie durch diese Veränderung führen. Wenn Sie Vertrauen haben, wird sich alles zu Ihrem Besten entwickeln.

Darüber hinaus hat der Rittersporn eine besondere Verbindung mit dem Meer. Seine lateinische Bezeichnung – *Delphinium* – ist auf das griechische Wort für Delfin zurückzuführen, aufgrund der Ähnlichkeit seiner Blütenblätter mit der Nase des großen Tümmlers oder Schnabelwals. Die Blume hilft Ihnen, wenn Sie im Meer sind, und ist besonders nützlich, wenn Sie viel im Ozean tauchen und schwimmen.

Botschaft des Rittersporns: »Ich fordere dich auf, nach den Sternen zu greifen! Es gibt nichts, was dir im Wege steht. Du bist stark genug, weiterzugehen. Du hast die Macht, die wunderbaren Dinge zu erreichen, über die du nachgedacht hast, und ich bin hier, um dir zu sagen, dass die Zeit gekommen ist, mit dem Denken aufzuhören und anzufangen, diese Gedanken *in die Tat umzusetzen*. Lass die Angst los und genieße das aufregende neue Abenteuer, auf das du dich begeben wirst. Du bist immer höher hinaufgeklettert, doch jetzt ist es für mich an der Zeit, die Dinge ein wenig zu beschleunigen. Ich verstehe, dass du dich vielleicht überwältigt oder überfordert fühlst, doch fürchte dich nicht. Wenn du mir und den Engeln vertraust, werden dir in unglaublichem Tempo die erstaunlichsten Geschenke zuteil.

Meine starke Verbindung zum Meer ist der Grund, warum ich für alle von besonderem Nutzen bin, die in der Nähe großer Wasseransammlungen leben. Ich beschütze jeden, der gerne regelmäßig im Meer schwimmt und taucht. Ich biete dir meinen Schutz an, während du im und unter Wasser bist, und sorge dafür, dass du magische und heilende Erlebnisse hast.«

Rose (gelb)

Botanische Bezeichnung: *Rosa* spp.

Energetische Eigenschaften: Fördert Ruhe, Frieden, Freude und Konzentration

Assoziierte Erzengel: Haniel und Uriel

Assoziierte Chakren: Solarplexus-, Drittes-Auge- und Kronenchakra

Beschreibung der heilenden Eigenschaften: Gelbe Rosen erlauben Ihnen, in Ihrem Inneren einen Ort des Friedens zu finden, indem sie Ihren Geist beruhigen und Ihnen die Möglichkeit geben, sich auf die vor Ihnen liegende Aufgabe zu konzentrieren. Diese Blume stellt das Gleichgewicht zwischen Arbeit, Erholung und Spielen her; sie ist die perfekte Blume für Studenten. Gelbe Rosen helfen Ihnen, Vergnügen zu finden und Ihrer Freude Ausdruck zu geben, ohne Ihre Würde und Haltung zu verlieren.

Botschaft der gelben Rose: »Es ist Zeit für dich, zu spielen und Spaß zu haben! Finde die Freude in allem, was du tust, und überall, wo du hingehst. Es gibt keinen Grund, dir Sorgen zu machen, dass du zu albern oder kindisch erscheinst. Ich werde dir helfen, Glück auf eine Art zu finden, die deine Integrität wahrt. Wenn du möchtest, kann ich dir helfen, Ordnung in deine Gedanken zu bringen und dich klarer zu fokussieren; auf diese Weise kannst du Spaß haben, während du weiterhin deinen Verpflichtungen nachkommst.«

Rose (rosa)

Botanische Bezeichnung: *Rosa* spp.

Energetische Eigenschaften: Schönheit; Selbstvertrauen; Trost; mit sich selbst zufrieden sein

Assoziierter Erzengel: Jophiel

Assoziierte Chakren: Solarplexus- und Herzchakra

Beschreibung der heilenden Eigenschaften: Rosafarbene Rosen stärken Ihr Selbstvertrauen und helfen Ihnen, die Schönheit in Ihrem Inneren zu akzeptieren. Sie werden wissen, dass genau in diesem Moment alles so ist, wie es sein soll. Rosafarbene Rosen leiten Sie an, sich voll zu akzeptieren, was Ihrer Selbstachtung guttut. Es gibt in dieser Zeit nichts, was Sie an Ihrer Person und Ihrem Wesen ändern müssten.

Botschaft der rosafarbenen Rose: »Du bist perfekt, so wie du bist. Es gibt nichts, was du verändern musst, um wahre Schönheit zu finden. Lass mich dir helfen, dich selbst zu lieben: Schau in den Spiegel und sag dir selbst, dass du hinreißend bist, und *meine* es so. Liebe alles an dir. Du bist nach dem Bilde Gottes kreiert worden. Es gibt nichts in deinem Wesen, was nicht perfekt ist, nichts in dir, was nicht aus der Liebe geboren wurde.«

Rose (rot)

Botanische Bezeichnung: *Rosa* spp.

Energetische Eigenschaften: Liebe; intensiviert Leidenschaft und Liebesbeziehungen; verbessert Motivation; fördert Heilung

Assoziierte Erzengel: Haniel und Jophiel

Assoziierte Chakren: Wurzel-, Sakral- und Herzchakra

Beschreibung der heilenden Eigenschaften: Erzengel Jophiel, der weibliche Engel der Schönheit, wird häufig mit Rosen im Haar dargestellt. Rote Rosen sind der Inbegriff von Liebe und Leidenschaft und seit jeher ein Geschenk zwischen Liebenden. Um den Valentinstag herum gibt es immer besonders viele dieser Blumen. Um Ihr Herzchakra zu öffnen, meditieren Sie mit roten Rosen. Egal ob Sie eine einzige langstielige Rose nehmen oder einen ganzen Strauß, die Energie ist essenziell dieselbe. Fühlen Sie, wie diese machtvolle Heilungsenergie mühelos die Blockaden in Ihrem Herzen zum Schmelzen bringt. Jetzt wird es Ihnen leichterfallen, Liebe in Ihr Leben zu bringen oder zu intensivieren.

Botschaft der roten Rose: »Du verdienst Liebe; erlaube mir, dir in diesem Bereich zu helfen. Gemeinsam werden wir die tiefe Verbindung und Leidenschaft finden, nach der du dich sehnst. Vielleicht hattest du in diesem oder einem früheren Leben einige negative Beziehungserlebnisse. Mit deiner Erlaubnis werde ich diese Wunden heilen und dir die Möglichkeit geben, mit positiver Gesinnung weiterzugehen. Du wirst die Liebe *sein*, die du erleben möchtest.«

Rose (weiß)

Botanische Bezeichnung: *Rosa* spp.

Energetische Eigenschaften: Reinigung; Frieden; sanfter Übergang/Veränderung; Loslassen von Verbindungen aus der Vergangenheit; Klärung erdgebundener Seelen

Assoziierte Erzengel: Metatron, Michael und Raphael

Assoziiertes Chakra: Kronenchakra

Beschreibung der heilenden Eigenschaften: Weiße Rosen sind ein Symbol der Reinheit und Reinigung. Diese Blume klärt stagnierende Energie, daher eignet sie sich vorzüglich zur Anwendung zu Hause, am Arbeitsplatz oder in Krankenzimmern. Sie können diese Rose bitten, ihre reinigenden Fähigkeiten zum Einsatz zu bringen, um alles zu verbannen, das nicht rein ist, von negativen Vibrationen bis zu erdgebundenen Seelen. Platzieren Sie einfach eine ungerade Anzahl von weißen Rosen in einem Raum, und diese *Blumen der Engel* werden den Bereich reinigen.

Wenn Sie einen lieben Menschen verloren haben, können Sie weiße Rosen nehmen, damit sie Ihnen in dieser schwierigen Zeit des Übergangs in den nächsten Abschnitt Ihres Lebens helfen.

Botschaft der weißen Rose: »Ich werde die Energie deiner Aura klären. Mit deiner Erlaubnis werde ich dafür sorgen, dass deine Energie so leuchtend strahlt wie meine Blütenblätter. Ich unterstütze dich, während du alte, niederdrückende Bindungen sanft loslässt. Ich werde dafür sorgen, dass du dich sicher und beschützt fühlst, niemals ängstlich oder verletzt. Und wenn du dann von aller Negativität gereinigt bist, wirst du beglückt einen neuen Zustand inneren Friedens genießen.«

Samtblume

Botanische Bezeichnung: *Tagetes* spp.

Weitverbreitete Varianten: Samtblume (*Tagetes patula*), Studentenblume (*Tagetes erecta*), Garten-Anemone (*Anemone coronaria*)

Energetische Eigenschaften: Hilfe bei Wahl von Prioritäten; bringt Klarheit und neue Perspektiven; bricht Situationen in einfach zu handhabende Abschnitte auf; hilft Blockaden zu umgehen; Hindernisse überwinden

Assoziierte Erzengel: Metatron und Michael

Assoziierte Chakren: Solarplexus-, Kehl- und Kronenchakra

Beschreibung der heilenden Eigenschaften: Nehmen Sie die Samtblume, wenn Ihnen alles zu viel wird. Sie wird Ihnen zu der Erkenntnis verhelfen, dass jede beängstigende Aufgabe in Wahrheit aus einer Serie kleiner Schritte besteht. Es gibt nichts, was Sie nicht erreichen können, und bald werden Sie merken, wie leicht es ist, Ihre momentanen Schwierigkeiten zu überwinden. Gehen Sie unbeirrt weiter, Schritt für Schritt, bis Sie die gegenwärtige Situation hinter sich gelassen haben. Die Samtblume wird Ihnen helfen, mit Anmut und Liebe Ihren Weg zu gehen und jegliche Verwirrung loszulassen, die Sie zurückhält.

Botschaft der Samtblume: »Manchmal können Situationen sich wie extrem schwere Belastungen anfühlen. Höre mir einen Moment zu, und ich werde dir einen neuen Weg zeigen, die Dinge zu sehen. Jene scheinbar unüberwindlichen Hindernisse, mit denen du dich konfrontiert siehst, sind nicht so groß, wie du denkst. In Wahrheit bestehen sie aus einer Anzahl winziger, leicht durchzuführender Schritte. Schau dir meine Blüten an, damit du die Inspiration findest, die du brauchst. Obwohl eine Blume aussehen kann wie ein einziger unentwirrbarer Büschel, wirst du bei näherem Hinsehen feststellen, dass ich nicht mehr bin als eine Ansammlung von Blütenblättern – genau wie deine Situation nicht mehr ist als eine Ansammlung kleiner, überschaubarer Schritte. Ich habe nicht den geringsten Zweifel daran, dass du diese Hindernisse überwinden kannst. Du hast die Kraft und Willensstärke, es zu tun und es *gut* zu tun.«

Schleier-kraut

Botanische Bezeichnung: *Gypsophila* spp.

Energetische Eigenschaften: Klärung von Intentionen; verstärkt die Energie anderer Blumen; verankert Energie

Assoziierte Erzengel: Metatron, Michael und Uriel

Assoziierte Chakren: Alle

Beschreibung der heilenden Eigenschaften: Schleierkraut ist eine besonders hilfreiche *Blume der Engel*. Wenn eine andere Blume teuer oder schwer zu finden ist, können Sie stattdessen Schleierkraut nehmen. Es ist beinahe so, als würden sich die winzigen weißen Blüten in die Blume verwandeln, mit der Sie arbeiten möchten. Wenn Sie Fotos von Blumen anstelle der Blumen benutzen wollen, legen Sie ein wenig Schleierkraut auf die Bilder, um die Energie der abgebildeten Blume zu verstärken. Darüber hinaus intensiviert Schleierkraut die Energie von Objekten wie zum Beispiel von Kristallen.

Die Fähigkeit des Schleierkrauts, bei der Verankerung der Energie einer Situation zu helfen, ist der Grund, warum Sie diese Blüten häufig in Brautsträußen und Dekorationen sehen. Es aktiviert die Liebesenergie im Raum und stärkt die Hingabe an das Ehegelöbnis.

Botschaft des Schleierkrauts: »Ich bin ein Katalysator der Energie von Blumen, Objekten und Situationen. Bitte bediene dich meiner; es ist mein Wunsch zu helfen. Wenn du nur kleine Mengen von dem finden kannst, was du suchst, werde ich die Energie hundertfach verstärken. Ich werde die Situation erden und bestätigen, dass alles so ist, wie es sein soll.«

Schmucklilie

Botanische Bezeichnung: *Agapanthus* spp.

Weitverbreitete Varianten: Zimmercalla (*Agapanthus africanus*), frühe Schmucklilie (*Agapanthus praecox*)

Energetische Eigenschaften: Heilung der Umwelt; bringt die Energie der Erde ins Gleichgewicht; heilt globale Probleme; umgibt eine Situation vollständig mit Liebe; heilt Suchtverhalten; löst Gewohnheiten auf; beseitigt alte Glaubensmuster; erfüllt Wünsche

Assoziierte Erzengel: Ariel und Raphael

Assoziiertes Chakra: Wurzelchakra

Beschreibung der heilenden Eigenschaften: Die Blüten der Schmucklilie sehen aus wie ein großer Ball. Es gibt sie in Weiß oder Violett; beiden Farben wohnt dieselbe heilende Energie inne. Die Vibration der Schmucklilie ist die einer globalen Heilung, was bereits in der Globusform der Blüte angedeutet wird. Die Blume eignet sich vorzüglich zur Heilung und Regulierung der Erdenergie, vor allem in Zeiten der Veränderung. Diese Lilie hilft, Situationen in ihrer Ganzheit zu heilen; denken Sie einfach an das ganze – oder »globale« – Ausmaß der Situation.

Sie können mit dieser Blume arbeiten, um die Energie tief verwurzelter Probleme zu klären. Zum Beispiel kann sie helfen, alte Glaubensmuster loszulassen und die Energie zu klären, die jeder Form von Suchtverhalten zugrunde liegt. Diese Art von Problemen kann sich durch viele Bereiche Ihres Lebens ziehen, daher ist es wichtig, dafür zu sorgen, dass Sie auch noch den kleinsten Rest ausmerzen. Sie können die langstieligen Blumen als riesige Zauberstäbe benutzen, die Wünsche erfüllen – stellen Sie sich einfach nur vor, Sie seien die gute Hexe aus dem *Wizard of Oz*.

Botschaft der Schmucklilie: »Ich kann bei jedem Problem, das mit globaler Heilung zu tun hat, von größtem Nutzen sein. Nach bedeutenden Weltereignissen jedweder Art kann ich dir zur Seite stehen. Ich helfe, die

Energie zu regulieren und wieder ins Gleichgewicht zu bringen. Es ist normal und natürlich, dass die Energie der Welt sich von Zeit zu Zeit verändert, doch kann ich diesen Übergang wesentlich leichter und angenehmer für dich machen. Ich würde liebend gerne eine Rolle in dieser Phase des Übergangs für dich spielen. Ich werde während dieser Zeit als Helfer für dich da sein, das Alte klären und dich näher zu Gott bringen.

Ich schließe die ganze Situation in Liebe ein. Ich bringe jetzt jedem Menschen, der an der Situation beteiligt ist, Frieden und Harmonie, zusammen mit liebevoller Energie. Wenn du irgendein Problem hast, das du gerne lösen möchtest, werde ich helfen. Ich kann zu Diensten sein, indem ich dir positive Energien anbiete, um die Situation in ihrer Ganzheit zu heilen.«

Sonnenblume

Botanische Bezeichnung: *Helianthus annuus*

Energetische Eigenschaften: Erhöhung des Energieniveaus und der Stimmung; fördert Lächeln und Gefühle von Glück

Assoziierte Erzengel: Jophiel und Michael

Assoziiertes Chakra: Solarplexuschakra

Beschreibung der heilenden Eigenschaften:
Sonnenblumen strahlen Freude aus. Man muss einfach lächeln, wenn man eine fröhliche, strahlende Sonnenblume sieht. Achten Sie darauf, wie jede Blume ein dunkles Zentrum und leuchtende gelbe Blütenblätter hat, was die Leichtigkeit und Unbeschwertheit repräsentiert, die diese Blume Ihnen auch dann bringen kann, wenn Sie sich total niedergedrückt oder »finster« fühlen. Wenn es sich anfühlt, als sei das Leben nur noch ein Kampf, besorgen Sie sich ein paar heilende Sonnenblumen. Sie werden fühlen, wie sich Ihre Stimmung und Ihre Energie sofort positiv verändern.

Botschaft der Sonnenblume: »Ich weiß, dass es in der Vergangenheit Zeiten gegeben hat, wo du dich erschöpft und total schlecht gefühlt hast. Doch jetzt ist der Zeitpunkt für Veränderung gekommen. Erlaube mir, diese Dunkelheit zu verscheuchen; komm ins Licht und sieh, wie schön die Welt sein kann. Erinnere dich, wie wundervoll es sich anfühlt, glücklich zu sein, und genieße jeden Tag in vollen Zügen. Freue dich daran, dass du so bist, wie du bist. Ich werde dir helfen, jeden Aspekt deines Wesens zu akzeptieren. Du strahlst so hell wie die Sonne, und es ist an der Zeit, dieses Licht auf alles und jeden in deiner Umgebung scheinen zu lassen.«

Sonnenhut

Botanische Bezeichnung: *Rudbeckia hirta*

Energetische Eigenschaften: Beseitigung alter Emotionen und Toxine; heilt vergangene Beziehungen und Depressionen; stärkt Selbstachtung; durchtrennt negative Verbindungen zur Vergangenheit

Assoziierte Erzengel: Jeremiel, Raphael, Raziel und Sandalphon

Assoziierte Chakren: Solarplexus- und Herzchakra

Beschreibung der heilenden Eigenschaften: Der Sonnenhut hilft, negative Energie aus der Vergangenheit loszulassen. Er sagt Ihnen, dass es an der Zeit ist, alte Lasten abzulegen und sich der Zukunft zuzuwenden. Befreien Sie sich von den alten Emotionen und Lasten. Der Sonnenhut hilft, Ihre vergangenen Beziehungen zu korrigieren, damit Ihre zukünftigen Verbindungen von einer wundervoll harmonischen Energie getragen sind und beide Partner die gleiche Liebe geben und empfangen. Sie werden die tief greifende positive Veränderung feststellen, die dieser Prozess des Loslassens auf Ihren Körper ausübt.

Botschaft des Sonnenhutes: »Es ist jetzt an der Zeit für dich, den Schmerz loszulassen, an dem du so lange festgehalten hast. Sei bereit, deinen Körper von Giftstoffen und Negativität zu heilen. Tausche sie ein gegen Frieden und Liebe. Du wirst dich sofort leichter fühlen. Mit dieser Haltung gibst du dem Universum zu verstehen, dass du nicht länger willens bist, dein Leben von der Vergangenheit kontrollieren zu lassen, und dich entschlossen hast, weiterzugehen. Lass die alten Dinge los und mach Platz für Liebe in deinem Leben. Die Liebe ist keine Einbahnstraße, doch in der Vergangenheit haben sich deine Beziehungen häufig so angefühlt. Du hast dich verausgabt, indem du immer nur gegeben hast; und zum Schluss hast du dich einfach nur noch müde gefühlt. Du verdienst es, genauso geliebt zu werden, wie du liebst.«

Stiefmütterchen

Alternativer Name: Schöngesicht

Botanische Bezeichnung: *Viola tricolor*

Energetische Eigenschaften: Verbesserung von Hellsichtigkeit; heilt Trauer

Assoziierte Erzengel: Azrael, Metatron, Michael und Raphael

Assoziiertes Chakra: Drittes-Auge-Chakra

Beschreibung der heilenden Eigenschaften: Diese Blume öffnet Ihr Drittes Auge, den Sitz der Hellsichtigkeit. Sie werden wunderbare neue Erfahrungen machen, wenn Sie mit Stiefmütterchen arbeiten; zum Beispiel kann es sein, dass Sie aus den Augenwinkeln Lichtblitze wahrnehmen. Dabei handelt es sich um Ihre Engel und lieben Verstorbenen, die Ihnen durch diese physischen Zeichen andeuten, dass sie bei Ihnen sind.

Um diese Energie voll zu erfahren, finden Sie ein einzelnes Stiefmütterchen, zu dem Sie sich hingezogen fühlen. Pflücken oder kaufen Sie die Blume und legen Sie sich auf den Rücken. Legen Sie die Blüte auf Ihr Drittes Auge (das ist der Bereich zwischen Ihren physischen Augen). Nehmen Sie ein paar tiefe Atemzüge und werden sich der Empfindungen bewusst, die Sie spüren. Sie werden ein leichtes Kribbeln fühlen und merken, dass sich die Spannung in Ihrer Stirn gelöst hat.

Botschaft des Stiefmütterchens: »Wenn du mit deinen geistigen Augen etwas sehen willst, dann brauchst du mich! Ich werde dir helfen, dein spirituelles Auge zu öffnen. Du wirst deutlich die energetischen Wesenheiten sehen, die bei dir sind, einschließlich Engeln, Geistführern und lieben Verstorbenen. Wenn dir klar wird, dass du stets von himmlischen Gefährten umgeben bist, sind Gefühle von Trauer und Verlust bald geheilt. Ich werde bei dir sein und intensiv an der Klärung deines Dritten-Auge-Chakras arbeiten. Zweifle nicht an den Visionen und Zeichen, die du empfängst. Stattdessen wollen wir uns gemeinsam an die Arbeit machen und deine Hellsichtigkeit erwecken.«

Strauchkastanie

Botanische Bezeichnung: *Callistemon* spp.

Energetische Eigenschaften: Verbesserung der Motivation; bringt Sie mit Ihrer Leidenschaft in Kontakt; Entgiftung

Assoziierte Erzengel: Metatron, Michael und Raphael

Assoziierte Chakren: Sakral-, Solarplexus-, Herz- und Kronenchakra

Beschreibung der heilenden Eigenschaften: Die Strauchkastanie hilft, den Teil von Ihnen zu lokalisieren, von dem Sie fühlen, dass er Ihnen fehlt – wobei Sie in Wahrheit perfekt sind und Ihnen nichts fehlt. Diese Blume erinnert Sie daran, sich die wahre Form Ihres Wesens anzuschauen, was eine Generalüberholung Ihrer Passion und Motivation bedeutet. Sie werden begeistert sein, Aufgaben zu Ende zu bringen, die Sie lange vor sich hergeschoben haben; und Sie werden an einem einzigen Tag viele Dinge erledigen, für die Sie vorher Wochen gebraucht haben. Die Strauchkastanie ermahnt Sie zudem, diesen wiedergefundenen Antrieb zu genießen und dafür zu sorgen, dass er weiterhin anhält, indem Sie Ihrem physischen Körper optimale Fürsorge zukommen lassen.

Botschaft der Strauchkastanie: »Bitte erlaube mir, deine Motivation und deine Lust am Leben zu steigern. Ich kann den Funken der Leidenschaft in deinem Inneren neu entzünden. Ich werde dir helfen, erneut das Glück und die Begeisterung zu finden, die dich früher ausgezeichnet haben. Du bist ein wenig vom Weg abgekommen, und das ist in Ordnung. Bitte verurteile und geringschätze dich nicht. Du bist wunderschön und heute genauso perfekt wie an dem Tag, an dem du geboren wurdest. Stattdessen ermutige ich dich, diese Schwere loszulassen, die dich umgibt. Bitte sei bereit, diese aufregende Chance anzunehmen und voll zu nutzen. Ich werde dich sanft durch die schweren Zeiten dirigieren und dich auf der anderen Seite ins helle Sonnenlicht entlassen. Du wirst in der Lage sein, deine Passion zu finden und dich aus diesem Abgrund zu befreien, um endlich wieder Freude und Vergnügen zu erfahren.

Eine Möglichkeit, diesen Prozess in Gang zu bringen, besteht darin, deinen Körper von allen Giftstoffen zu reinigen. Doch bitte stürze dich nicht kopfüber alleine in diesen Vorgang. Viel besser ist es, sich von Menschen helfen und unterstützen zu lassen, die wissen, was sie tun, wie beispielsweise Ärzte, Therapeuten oder Naturheiler.«

Tränendes Herz

Alternative Namen: Flammendes Herz und Herzerlstock

Botanische Bezeichnung: *Lamprocapmos spectabilis*

Energetische Eigenschaften: Heilung des Herzens; Loslassen alten Schmerzes, niederdrückender Emotionen und Verbitterung; macht Vergebung möglich

Assoziierte Erzengel: Jophiel und Raphael

Assoziiertes Chakra: Herzchakra

Beschreibung der heilenden Eigenschaften: Die Blüten des Tränenden Herzens klären alte, schmerzhafte Emotionen (wie zum Beispiel Verbitterung) und bringen der ganzen Situation ein Gefühl der Leichtigkeit. Die Energie des Tränenden Herzens ist sanft und tröstlich. Sie zwingt Sie nie in den Heilungsprozess; stattdessen zeigt sie Ihnen, wie es wäre, wenn Sie den Weg des Friedens wählen. Wenn Sie sich entscheiden, die Schwere in Ihrem Leben loszulassen, werden Sie dem wahren Licht der Engel begegnen.

Botschaft des Tränenden Herzens: »Ich bin hier, damit du sanft dein Herz dem heilenden Licht der Engel öffnen kannst, die dir in jedem Moment Liebe bringen. Ich kann tief in dein Herz schauen und weiß, dass du von der Energie schmerzhafter Erinnerungen und Emotionen niedergedrückt bist. Ich kann dir helfen, sie ein für alle Mal zu heilen und loszulassen. Bitte sei ehrlich mit dir selbst. Verurteile weder dich noch andere. Stattdessen fokussiere dich auf Liebe. Die Liebe, die die Engel für dich fühlen, die Gott für dich bereithält und für das, was in deinem Herzen liegt. Lüfte den Schleier alter Emotionen und erkenne, wie viel Liebe und Freude es in Wahrheit gibt. Die Zeit ist gekommen, die Vergangenheit loszulassen und deine positive Zukunft einzufordern.

Erlaube mir, dich durch eine sehr sanfte Heilmethode zu führen. Nimm mehrere tiefe Atemzüge und entspanne dich. Richte deinen Fokus auf mein Bild. Bald wirst du meine warme, von Herzen kommende Umarmung fühlen. Wisse, dass ich hier bin, um dir diese alte Verletzung aus der Seele zu nehmen. Stelle dir vor, wie du dich erneut gut und voller Zuversicht fühlst. Erlaube deinem Körper und deiner Seele, diese vergangenen Ereignisse loszulassen; lass sie in dem Moment los, wo sie in deiner Seele auftauchen. Fühle die heilende Wärme, mit der ich dein Herz und deine Brustgegend erfülle. Lass die Schwere los, sodass nichts als Liebe bleibt.«

Tulpe

Botanische Bezeichnung: *Tulipa* spp.

Energetische Eigenschaften: Anmut; Haltung; Ruhe; beseitigt Irritationen und Gereiztheit; Wut loslassen; verhindert Unterbrechungen

Assoziierte Erzengel: Haniel, Raguel und Zadkiel

Assoziierte Chakren: Wurzel-, Sakral-, Solarplexus- und Kronenchakra

Beschreibung der heilenden Eigenschaften: Tulpen beseitigen Energien, die Wut und Ärger verursachen. Diese beruhigenden Blumen helfen Ihnen, sich zu entspannen und besser zu fokussieren, selbst wenn es den Anschein hat, als hätten sich die Umstände verschworen, Sie bei Ihrer Arbeit zu unterbrechen (wenn zum Beispiel ein Familienmitglied oder Kollege Sie ständig mit irgendwelchen Bitten um Hilfe unterbricht). Wenn Sie das Gefühl haben, als würden Sie nicht vom Fleck kommen, hilft die Energie der Tulpe, das Gleichgewicht wiederherzustellen, woraufhin alles wieder seinen geregelten Lauf geht.

Botschaft der Tulpe: »Erlaube deinem Körper, meine heilenden Energien zu absorbieren. Lass alle harschen Emotionen los, die du erfahren hast. Wende dich an mich, wenn du keine Zeit für dich selbst oder deine Arbeit hast. Es gibt keinen besseren Zeitpunkt als diesen Moment, um von meinen heilenden Energien zu profitieren. Ich werde dich unterstützen und dir erlauben, mit Anmut und in aufrechter Haltung durchs Leben zu gehen.«

Usambara-veilchen

Botanische Bezeichnung: *Saintpaulia* spp.

Energetische Eigenschaften: Reinigung; Klärung von Wohn- und Arbeitsplatz; Verwandlung von Energie

Assoziierte Erzengel: Chamuel, Metatron, Michael und Raphael

Assoziierte Chakren: Drittes-Auge- und Kronenchakra

Beschreibung der heilenden Eigenschaften: Die Usambaraveilchen sind wundervolle Heiler und Hellseher, weil sie die Gabe haben, alte und schwere Energien zu klären. Sie eignen sich sowohl zur energetischen Klärung von Räumen, wie zum Beispiel Wohnräumen oder Büros, als auch zur Heilung Ihres eigenen physischen Körpers. Stellen Sie eine Vase mit Usambaraveilchen auf Ihren Nachttisch, damit die Blumen sanft alle Negativität entfernen können, während Sie schlafen. Außerdem können Sie alte Energie beseitigen, indem Sie eins oder mehrere Veilchen in einen Raum legen und sagen: »Heilende Blume, bitte transformiere jegliche niederen Energien in diesem Raum/Körper. Versetze sie zurück in ihren ursprünglichen Zustand von Liebe und Licht. Danke für diese Heilung.«

Um glücklich und gesund zu bleiben, bitten die Veilchen Sie um die Möglichkeit, mindestens einmal wöchentlich im warmen Sonnenschein baden zu können.

Botschaft des Usambaraveilchens: »Ich werde das Alte aus deinem Leben entfernen und etwas Neues entstehen lassen. Dies ist ein seit Langem überfälliger Prozess. Erlaube mir, dir bei diesem Heilungsprozess zu helfen und alte, stagnierende, negative Energien zu entfernen. Ich kann die niederen Formen von Energie sowohl in deinem Körper als auch in deinem Zuhause verwandeln und sie in ihren ursprünglichen positiven Zustand von Frieden und Liebe versetzen. Du wirst diese subtile, doch machtvolle Veränderung bemerken. Und wenn diese Reinigung abgeschlossen ist, wirst du sie mit Sicherheit genießen.«

Vergiss-meinnicht

Botanische Bezeichnung: *Myosotis* spp.

Energetische Eigenschaften: Probleme aus vergangenen Inkarnationen; Traumaheilung; Kontakt zu den Sternen und anderen Planeten

Assoziierter Erzengel: Raziel

Assoziierte Chakren: Drittes-Auge- und Kronenchakra

Beschreibung der heilenden Eigenschaften: Vergissmeinnicht hilft Ihnen, sich an Ihre vergangenen Leben zu erinnern, was Ihnen Hinweise geben kann bezüglich Ihrer gegenwärtigen Lebensweise. Diese kleinen Blumen bieten Einsichten in Ihre Beziehungen und helfen Ihnen, Muster in dem von Ihnen gewählten Beruf zu erkennen. Oft werden Sie auf innerlich sehr tief greifende Reisen geschickt. Akzeptieren Sie nur die Lektionen und die Liebe aus der Vergangenheit; lassen Sie den Rest los, einschließlich Schuldgefühle und anderer Emotionen, die Ihnen nicht dienlich sind. Dann werden Sie in der Lage sein, die nächsten Schritte in Ihrem Leben zu tun und sich voll Ihrer Zukunft zuzuwenden. Gehen Sie während dieser Zeit des Heilens liebevoll mit sich um. Geben Sie Ihr Einverständnis, dass diese Themen aus der Vergangenheit zum Besten aller Beteiligten ein für alle Mal geklärt werden.

Das Vergissmeinnicht zeichnet sich durch seine Verbindung mit den Sternen und anderen Planeten aus. Menschen, die sich für himmlische Wesenheiten interessieren, werden von der Präsenz dieser Blume profitieren, da sie die Kommunikation mit diesen Wesenheiten verbessern kann.

Botschaft des Vergissmeinnichts: »Die Situationen, in denen du dich wiederfindest, werden von ungelösten Themen aus deiner Vergangenheit beeinflusst. Meditiere eine Weile mit mir, während wir auf eine Reise zurück in deine vergangenen Inkarnationen gehen. Hier werden wir den genauen Moment finden, wo dieses gestörte Muster seinen Anfang nahm.

Wenn du zu dieser Zeit zurückgehst, wirst du dir gleichzeitig deines gegenwärtigen Lebens bewusst sein und der Macht, die du jetzt besitzt. Erkenne den Ursprung deiner Sorgen und Ängste und bring dann diese Lektionen zurück ins Hier und Jetzt, damit du sie vollkommen heilen kannst. Du begibst dich nicht auf diese Reise, um dich selbst zu verurteilen. Lass jegliche Schuldgefühle los und lerne aus diesen Past-Life-Situationen, damit du verhindern kannst, dass sie erneut eintreten. Lass uns jetzt gemeinsam einen Schlussstrich unter diese negativen Muster ziehen.«

Wandelröschen

Alternativer Name: Lanzen-Eisenkraut

Botanische Bezeichnung: *Lantana* spp.

Energetische Eigenschaften: Verstärkt die Liebe zwischen Familienmitgliedern und hilft ihnen, gemeinsame Entscheidungen zu treffen

Assoziierte Erzengel: Chamuel, Gabriel und Raguel

Assoziierte Chakren: Kehl- und Herzchakra

Beschreibung der heilenden Eigenschaften: Das Wandelröschen hilft, Familien enger zusammenzubringen, und unterstützt die Kommunikation innerhalb der Familie. Sie verbessert Beziehungen und Freundschaften und gibt jedem Individuum eine Stimme, vor allem wenn es um den Versuch geht, eine wichtige Entscheidung zu treffen. Sie erlaubt jedem, mit dem Resultat zufrieden zu sein und die getroffene Entscheidung gemeinsam zu vertreten. Die Essenz des Wandelröschens sind Harmonie und Einheit.

Botschaft des Wandelröschens: »Familienzusammengehörigkeit ist das Geschenk, das ich dir bringe. Ich werde die Kanäle der Kommunikation zwischen dir und deinen Lieben freilegen und dafür sorgen, dass alle perfekt miteinander auskommen. Mit göttlicher Intervention helfe ich dir und allen Beteiligten, problemlos wichtige Entscheidungen zu treffen. Bei Entscheidungen, die erfordern, dass alle am gleichen Strang ziehen, wie zum Beispiel einem Umzug oder beruflicher Veränderung, ist für jeden das Gefühl wichtig, mitreden zu können und gehört zu werden. Niemand will sich unter Druck gesetzt fühlen. Erlaube meiner heilenden Energie, euch alle einander näherzubringen. Die wahre Bedeutung meiner Gegenwart ist Harmonie innerhalb der Familie.«

Waratah

Botanische Bezeichnung: *Telopea speciosissima*

Energetische Eigenschaften: Schutz; Passion/Leidenschaft; spirituelles Verstehen; Ihrer inneren Führung folgen; Ihre Lebensaufgabe finden; Hindernisse überwinden; Mut

Assoziierte Erzengel: Michael, Raziel und Sandalphon

Assoziierte Chakren: Solarplexus- und Kronenchakra

Beschreibung der heilenden Eigenschaften: Waratah ist eine australische Blume, die seit Jahrhunderten bewundert und verehrt wird. Als sie zum ersten Mal entdeckt wurde, waren die Botaniker von Ehrfurcht ergriffen. Sie gaben der Blume einen lateinischen Namen, deren Übersetzung in etwa lautet: »Schönheit, die aus der Entfernung genossen werden kann«, weil man die strahlendrote Waratah auch aus großer Entfernung sehen kann. Ihre Blüten sehen aus wie ein Kokon, der ihr Zentrum abschirmt und beschützt. Dies repräsentiert auf perfekte Weise die energetischen Eigenschaften der Waratah. Die Form der Blüten fordert Sie auf, die Rolle zu akzeptieren, die zu spielen Sie geboren wurden, und gibt Ihnen den Mut, Ihren Lebensweg anzunehmen. Waratah beseitigt jegliche Ängste, die mit der Erfüllung Ihrer Lebensaufgabe zu tun haben, und bringt ein Gefühl von Frieden und Vertrauen, was Ihnen erlaubt, voller Überzeugung auf Ihrem Weg weiterzugehen.

Botschaft der Waratah: »Die Zeit ist gekommen, die Welt auf eine freudige und liebevolle Weise zu erfahren. Ich werde dir helfen, deinen Kokon zu verlassen und die Leidenschaft in deinem Inneren neu zu entzünden. Nimm die Aufgabe an, die dir in diesem Leben gegeben wurde. Ich werde dir helfen, alle Hindernisse zu überwinden, während du dich bemühst, dein Bestes zu geben. Ich habe Menschen seit Jahrhunderten geholfen, mit ihrer Spiritualität ins Reine zu kommen, und ich werde dich führen, damit du deine Lebensaufgabe findest, und dich mit der göttlichen Führung in Verbindung bringen.«

Weihnachtsstern

Botanische Bezeichnung: *Euphorbia pulcherrima*

Energetische Eigenschaften: Finden und Vorbereiten auf die eigene Lebensaufgabe; andere Menschen inspirieren; Feiern

Assoziierte Erzengel: Haniel, Jophiel und Raziel

Assoziiertes Chakra: Kronenchakra

Beschreibung der heilenden Eigenschaften: Der Weihnachtsstern (auch Adventsstern genannt) ist – wie der Name schon sagt – eine traditionelle Weihnachtsblume, was nicht überrascht, wenn Sie seine Energie fühlen. Er wird Sie auf den Weg zur Erfüllung Ihrer Lebensaufgabe bringen und Sie mit jedem Schritt, den Sie tun, glücklicher machen. Wenn Sie von Ihrem Weg abkommen, erinnert Sie die Energie dieses heilenden Freundes an Ihre Aufgabe. Benutzen Sie diese Blume am Jahresende, um sich neu zu zentrieren. Das kommende Jahr wird voll wunderbarer Gelegenheiten und Möglichkeiten sein.

Botschaft des Weihnachtssterns: »Du hast eine wunderbare Aufgabe auf diesem Planeten zu erfüllen. Die Engel und ich haben dir Gefühle gesandt, um dich zu führen, daher folge bitte deiner Intuition und gehe diesen Pfad unbeirrt weiter, der die Erfüllung deiner Lebensaufgabe darstellt. Indem du dies tust, wirst du dich ganz automatisch immer wohler fühlen, was einen wundervollen Welleneffekt kreieren wird. Wenn du das Leben lebst, das du dir wünschst, inspiriert es andere und führt sie auf ihren eigenen göttlichen Weg.

Nicht zu vergessen, ich bin darüber hinaus die Blume der Feste und des Feierns! Es ist Zeit, dich zu entspannen, Spaß zu haben und zu spielen.«

Wicke

Botanische Bezeichnung: *Lathyrus odoratus*

Energetische Eigenschaften: Manifestation; Wunscherfüllung; Vertrauen ins Gebet

Assoziierte Erzengel: Jophiel, Raziel und Sandalphon

Assoziierte Chakren: Wurzel-, Sakral- und Herzchakra

Beschreibung der heilenden Eigenschaften: Diese Blume hilft, alle Ihre Wünsche wahr zu machen, und die Dinge, die Sie jetzt brauchen, werden am schnellsten wahr. Sie sollten stets nach den Sternen greifen – nach dem absolut besten Resultat, das Sie sich vorstellen können. Versuchen Sie es mit dieser Methode zur Erfüllung von Wünschen:

Meditieren Sie mit einer Handvoll Samen der Wicke und fokussieren Sie sich ganz auf Ihren Wunsch. Erfüllen Sie die Samen mit diesen liebevollen Intentionen und pflanzen Sie sie dann in ein Gartenbeet oder einen Blumentopf. Während die Samen sprießen und wachsen und immer weiter in die Höhe klettern, entwickelt sich auch die Energie in den Samenkörnern weiter. Wenn sich die Blüten schließlich entfalten, wird ihre Energie ins Universum gesendet, und Ihr Wunsch wird erfüllt.

Botschaft der Wicke: »Ich kann dir helfen, all deine aufregenden Ideen und von Herzen kommenden Wünsche zu realisieren. Indem ich erblühe, erblühen auch deine Ziele und Sehnsüchte. Akzeptiere diese erfüllten Wünsche als einen natürlichen Teil deines Lebens. Du hast ohne Frage verdient, sie jetzt in diesem Moment zu empfangen! Zum jetzigen Zeitpunkt musst du nichts anderes tun; fokussiere dich einfach auf deine Wünsche und vertraue darauf, dass sie dir geliefert werden. Glaube daran, dass alles möglich ist, und Wunder eine alltägliche Begebenheit sind. Du kannst das Leben haben, das du dir wünschst.«

Wistarie

Alternativer Name: Glyzinie

Botanische Bezeichnung: *Wisteria* spp.

Weitverbreitete Variante: Chinesische Wistarie (*Wisteria sinensis*)

Energetische Eigenschaften: Fernheilung; Schutz; verbesserter Fokus und Energie; bringt Sie auf eine höhere Stufe der Spiritualität; Entscheidungsfindung; kein Zögern und Aufschieben mehr

Assoziierte Erzengel: Jeremiel und Michael

Assoziierte Chakren: Drittes-Auge- und Kronenchakra

Beschreibung der heilenden Eigenschaften: Nehmen Sie die Wistarie für alle Arbeiten, die mit Entfernung zu tun haben, einschließlich Fernheilung. Diese Pflanze hilft Ihnen, Ihre spirituelle Evolution zu beschleunigen. Sie sorgt dafür, dass Sie einen klaren Kopf behalten, indem sie Sie anleitet, sich von synthetischen Substanzen und anderen Dingen fernzuhalten, die einen negativen Einfluss auf Ihre Energie haben.

Zudem hilft die Wistarie bei der Entscheidungsfindung. Wenn Sie konfus und unentschieden sind, kann es schnell passieren, dass Sie die Dinge aufschieben, damit Sie überhaupt keine Entscheidung treffen müssen. Die Wistarie jedoch zeigt Ihnen die Richtung und hilft Ihnen unfehlbar jedes Mal, den optimalen Weg zu wählen.

Botschaft der Wistarie: »Ich führe dich jeden Schritt deines Weges, während du die nächsten Stufen auf der Leiter der Spiritualität und deiner persönlichen Entwicklung nimmst. Ich werde jegliche Zweifel und Ängste verscheuchen. Jede von dir getroffene Entscheidung wird dir erlauben, in einer noch schöneren Version deiner selbst aufzublühen. Deine Energie ist gesteigert und deine Lebenskraft rein und ungestört.

Ich helfe dir, dich mit jenen geliebten Menschen zu verbinden, die von dir getrennt sind; ich werde deine Wünsche und positiven Gedanken über die Barrieren von Raum und Zeit weitergeben. Wisse, dass du dieser Person *jetzt* genauso nahe bist wie zuvor.«

Wüsten-grevillea

Botanische Bezeichnung: *Grevillea* spp.

Energetische Eigenschaften: Mut, die eigenen Träume zu verfolgen; das eigene, wahre Ich annehmen; Inspiration beim Reden und Schreiben; männliche Gesundheit

Assoziierte Erzengel: Gabriel und Jeremiel

Assoziierte Chakren: Wurzel-, Kehl- und Drittes-Auge-Chakra

Beschreibung der heilenden Eigenschaften: Diese Blume, die in Australien heimisch ist, drängt Sie liebevoll, Ihre Träume weiterzuverfolgen. Die Wüstengrevillea gibt Ihnen den Mut, die Angst zu fühlen und es dennoch zu wagen! Jetzt ist Ihre Zeit, zu wachsen. Sie können sich nicht länger erlauben, Gelegenheiten und Führung unbeachtet zu lassen. Die Zeit ist gekommen, Ihre Liebe mit der Welt zu teilen, und diese Blume wird Ihnen dabei helfen. Die Wüstengrevillea verleiht Ihnen Mut, hinauszugehen und anzufangen, Ihr Wissen zu verbreiten.

Außerdem hilft diese Blume Männern, die Probleme mit ihrer Zeugungsfähigkeit haben.

Botschaft der Wüstengrevillea: »Es ist Zeit für dich, deiner Intuition zu vertrauen und deinen Kopf zu riskieren. Hab keine Angst, dein wahres Wesen zu zeigen, und fang an, frisch von der Leber weg die Dinge auszusprechen, die du auf dem Herzen hast. Die Menschen werden dich nicht dafür verurteilen, du selbst zu sein; im Gegenteil: Du wirst merken, dass andere dich mehr schätzen und lieben und auf einer noch tieferen Ebene mit dir zu kommunizieren beginnen.

Du hast dich weiterentwickelt und bist jetzt an einem Punkt, wo du nicht mehr nur still dasitzen und beobachten kannst, wie das Leben an dir vorbeigeht. Jetzt ist für dich der Zeitpunkt gekommen, aus dem Schatten hervorzutreten. Finde deine innere Stimme und akzeptiere sie voll als deine eigene. Vertraue dem inneren Drängen, das du schon oft gespürt und das dich ermutigt hat, öffentliche Vorträge zu halten, Bücher zu schrieben, Seminare zu geben oder daran teilzunehmen. Höre auf diese Intuitionen, denn sie sind deine göttlichen Botschaften, von den Engeln und mir gesandt. Ich bin hier, um dir zu helfen, den Sprung ins kalte Wasser zu wagen, also nichts wie los!

Männer mit Zeugungs- oder Fortpflanzungsproblemen sollten sich an mich wenden. Ich kann helfen, aus dem Gleichgewicht Geratenes zu korrigieren und alles wieder in einen perfekten Zustand des Wohlbefindens zu bringen.«

Zuckerbusch

Botanische Bezeichnung: *Protea* spp.

Energetische Eigenschaften: Auflösen von Trauerenergie; Verbindung mit lieben Verstorbenen; das Gefühl, unterstützt zu werden

Assoziierter Erzengel: Azrael

Assoziierte Chakren: Wurzel-, Sakral- und Herzchakra

Beschreibung der heilenden Eigenschaften: Der Zuckerbusch hilft Ihnen, den Trauerprozess zu durchlaufen. Egal ob der Schmerz alt oder neu ist, in jedem Fall ist es eine Emotion, der Sie sich rückhaltlos stellen müssen, um sie hinter sich zu lassen. Sobald die Trauer überwunden ist, werden Sie die Flamme Ihrer inneren Passionen neu entzünden können. Klären Sie ungelöste Trauerenergie, indem Sie sich mit Blumen des Zuckerbuschs umgeben. Sie werden Sie daran erinnern, dass Sie von Verwandten und Freunden unterstützt werden, und Ihnen erlauben, sich mit den geliebten Personen zu verbinden, die diese Welt verlassen haben. Fühlen Sie die Liebe, die Ihnen von der anderen Seite geschickt wird.

Botschaft des Zuckerbuschs: »Ich hülle dich in die warme Umarmung, die du jetzt in dieser Zeit brauchst. Ich helfe dir, diesen Schmerz allmählich hinter dir zu lassen und als stärkerer Mensch daraus hervorzugehen. Trauer ist eine niedere Form der Energie, daher versuche nicht, sie noch tiefer in deine Seele hinunterzudrücken. Gestehe dir deine Emotionen ein und erlaube deinem Herzen, vollständig zu heilen. Fühle, wie du von deinem liebevollen Hilfsteam – bestehend aus Familie, Freunden und geliebten Verstorbenen – unterstützt wirst. Sie sind dir jetzt in diesem Moment sehr nahe und wollen dir helfen, wieder glücklich zu werden. Du bist zeit deines Lebens eine große Inspiration für andere gewesen; das Wiederfinden der dir innewohnenden Freude erlaubt den Menschen in deiner Umgebung, sich glücklicher und leichter zu fühlen.«

Blumen und ihre Erzengel-Assoziationen

Erzengel Ariel

Glockenblume
Heidekraut
Petunie
Schmucklilie

Erzengel Azrael

Banksia
Fächerblume
Stiefmütterchen
Zuckerbusch

Erzengel Chamuel

Banksia
Chrysantheme
Hibiskus
Hyazinthe
Kamelie
Magnolie (rosa)
Usambaraveilchen
Wandelröschen

Erzengel Gabriel

Heidenelke
Holzapfel
Königsstrelitzie
Narzisse

Petunie
Tränendes Herz
Wandelröschen
Wüstengrevillea

Erzengel Haniel

Kirschblüte
Lavendel
Magnolie (rosa)
Maiglöckchen
Nelke
Rose (gelb)
Rose (rot)
Tulpe
Weihnachtsstern

Erzengel Jeremiel

Hortensie
Kamelie
Klee
Lavendel
Lilie (rosa)
Mondblume
Orchidee
Sonnenhut
Wistarie
Wüstengrevillea

Erzengel Jophiel

Akazie
Calla-Lilie
Candelillastrauch
Flamingoblume
Gladiole
Heidenelke
Jonquille
Kamelie
Kirschblüte
Lilie (orange)
Löwenmäulchen
Löwenzahn
Nelke
Rose (rosa)
Rose (rot)
Sonnenblume
Tränendes Herz
Weihnachtsstern
Wicke

Erzengel Metatron

Akazie
Candelillastrauch
Eisenkraut
Eukalyptus
Frangipani
Fuchsie
Gardenie
Geranie
Johanniskraut

Jonquille
Heidenelke
Kaktus
Kapuzinerkresse
Königsstrelitzie
Lilie (gelb)
Lotusblume
Löwenmäulchen
Magnolie (weiß)
Primel
Rose (weiß)
Samtblume
Schleierkraut
Stiefmütterchen
Strauchkastanie
Usambaraveilchen

Erzengel Michael

Bougainvillea
Bromelie
Candelillastrauch
Dahlie
Echinacea
Eisenkraut
Eukalyptus
Fächerblume
Flieder
Freesie
Fuchsie
Gardenie
Geranie
Gladiole
Heidenelke
Inkalilie
Iris
Johanniskraut
Jonquille
Kaktus
Lavendel
Lilie (gelb)
Löwenmäulchen
Magnolie (weiß)
Narzisse
Pinie
Rittersporn
Rose (weiß)
Samtblume
Schleierkraut
Sonnenblume
Stiefmütterchen
Strauchkastanie
Usambaraveilchen
Waratah
Wisterie

Erzengel Raphael

Banksia
Begonie
Eukalyptus
Freesie
Gardenie
Geranie

Gladiole
Heidenelke
Hyazinthe
Iris
Johanniskraut
Kaktus
Kamelie
Lilie (gelb)
Löwenmäulchen
Löwenzahn
Magnolie (weiß)
Narzisse
Pfingstrose
Ringelblume
Rose (weiß)
Schmucklilie
Sonnenhut
Stiefmütterchen
Strauchkastanie
Tränendes Herz
Usambaraveilchen

Erzengel Raguel

Banksia
Chrysantheme
Gerbera
Inkalilie
Löwenzahn
Petunie
Tulpe
Wandelröschen

Erzengel Raziel

Azalee
Eukalyptus
Frangipani
Hibiskus
Jasmin
Kaktus
Klee
Krokus
Lavendel
Lilie (rosa)
Lotusblume
Löwenzahn
Mohnblume
Passionsblume
Pinie
Sonnenhut
Vergissmeinnicht
Waratah
Weihnachtsstern
Wicke

Erzengel Sandalphon

Bromelie
Gardenie
Hortensie
Kapuzinerkresse
Mondblüte
Orchidee
Pfingstrose
Rittersporn

Sonnenhut
Waratah
Wicke

Erzengel Uriel

Heidenelke
Iris
Klee
Mohnblume
Rose (gelb)
Schleierkraut

Erzengel Zadkiel

Dahlie
Mohnblume
Tulpe

Blumen und ihre Chakra-Assoziationen

Alle Chakren

Heidenelke
Lotusblume
Primel
Schleierkraut

Wurzelchakra

Akazie
Banksia
Begonie
Bougainvillea
Candelillastrauch
Chrysantheme
Dahlie
Eisenkraut
Erika
Eukalyptus
Fächerblume
Freesie
Fuchsie
Gänseblümchen
Gardenie
Heidenelke
Hibiskus
Holzapfel
Hortensie
Hyazinthe
Inkalilie
Johanniskraut
Klee
Lavendel
Lilie (gelb)

Lotusblume
Löwenzahn
Magnolie (rosa)
Nelke
Pfingstrose
Petunie
Primel
Rittersporn
Rose (rot)
Schleierkraut
Schmucklilie
Tulpe
Wicke
Wüstengrevillea
Zuckerbusch

Sakralchakra

Banksia
Begonie
Chrysantheme
Eisenkraut
Erika
Fächerblume
Flieder
Freesie
Fuchsie
Gänseblümchen
Gerbera
Gladiole
Glockenblume
Heidenelke
Holzapfel
Hortensie
Hyazinthe
Iris
Johanniskraut
Kaktus
Kamelie
Kapuzinerkresse
Lavendel
Lilie (gelb)
Lilie (orange)
Lilie (rosa)
Lotusblume
Magnolie (weiß)
Magnolie (rosa)
Orchidee
Pfingstrose
Pinie
Portulak
Primel
Ringelblume
Rittersporn
Rose (gelb)
Rose (rosa)
Rose (rot)
Schleierkraut

Solarplexus

Sonnenblume
Sonnenhut
Strauchkastanie

Studentenblume
Tulpe
Waratah
Wicke
Zuckerbusch

Herzchakra

Akazie
Banksia
Calla-Lilie
Chrysantheme
Eisenkraut
Erika
Flamingoblume
Fuchsie
Gardenie
Gerbera
Gladiole
Heidenelke
Hibiskus
Iris
Johanniskraut
Kaktus
Kamelie
Kirschblüte
Klee
Lotusblume
Löwenmäulchen
Löwenzahn
Magnolie (rosa)
Narzisse
Nelke
Orchidee
Passionsblume
Pfingstrose
Petunie
Pinie
Primel
Ringelblume
Rose (rosa)
Rose (rot)
Schleierkraut
Sonnenhut
Strauchkastanie
Tränendes Herz
Wandelröschen
Wicke
Zuckerbusch

Kehlchakra

Eukalyptus
Fächerblume
Heidenelke
Königsstrelitzie
Lotusblume
Löwenmäulchen
Löwenzahn
Narzisse
Pinie
Primel
Schleierkraut
Studentenblume

Wandelröschen
Wüstengrevillea

Drittes Auge

Bromelie
Echinacea
Eukalyptus
Frangipani
Geranie
Heidenelke
Jasmin
Jonquille
Kaktus
Königsstrelitzie
Krokus
Lavendel
Lotusblume
Narzisse
Passionsblume
Primel
Rittersporn
Rose (gelb)
Schleierkraut
Stiefmütterchen
Usambaraveilchen
Vergissmeinnicht
Wistarie
Wüstengrevillea

Kronenchakra

Akazie
Azalee
Bromelie
Dahlie
Eukalyptus
Frangipani
Gänseblümchen
Gardenie
Geranie
Heidenelke
Hibiskus
Iris
Jasmin
Jonquille
Kaktus
Kamelie
Klee
Königsstrelitzie
Krokus
Lotusblume
Löwenzahn
Magnolie (rosa)
Maiglöckchen
Mohnblume
Mondblüte
Orchidee
Passionsblume
Primel
Rittersporn
Rose (gelb)
Rose (weiß)

Schleierkraut
Strauchkastanie
Studentenblume
Tulpe
Usambaraveilchen
Vergissmeinnicht
Waratah
Weihnachtsstern
Wistarie

Energetische Heilungsfähigkeiten der Blumen

Abnehmen

Iris
Magnolie (weiß)
Schmucklilie

Alte Emotionen (loslassen)

Gladiole
Hortensie
Iris
Johanniskraut
Kapuzinerkresse
Löwenzahn
Sonnenhut
Tränendes Herz

Angst (loslassen)

Flieder
Johanniskraut
Lavendel

Aufgaben zu Ende bringen

Narzisse
Primel
Rose (gelb)

Aura-Stärkung

Geranie
Jonquille

Kapuzinerkresse
Ringelblume

Beförderungen

Eisenkraut

Beharrlichkeit

Fuchsie
Klee
Orchidee

Beruflicher Erfolg

Eisenkraut

Beziehungen (Heilung)

Sonnenhut
Kirschblüte

Blumen für jeden Zweck

Heidenelke
Schleierkraut

Chakra-Klärung

Königsstrelitzie
Lotusblume

Depression (Klärung)

Flieder
Gardenie
Gladiole
Johanniskraut
Lilie (orange)
Sonnenblume
Sonnenhut

Drittes-Auge-Chakra (Klärung)

Echinacea
Lavendel
Stiefmütterchen

Ehrlichkeit

Maiglöckchen

Eifersucht (loslassen)

Löwenzahn

Einheit

Fächerblume
Hibiskus

Elektromagnetische Strahlung (Klärung)

Magnolie (weiß)

Energie (Verbesserung)

Frangipani
Geranie
Gladiole
Iris
Petunie

Engel (Verbindung)

Frangipani
Gardenie
Königsstrelitzie
Lotusblume
Passionsblume

Erdgebundene Seelen (Klärung)

Rose (weiß)

Ernährung (Verbesserung)

Portulak

Etwas bewirken

Dahlie

Familie (Heilung)

Chrysantheme
Hibiskus
Wandelröschen

Feen (Verbindung)

Glockenblume
Petunie

Feiern

Akazie
Weihnachtsstern

Finanzielle Fülle

Kapuzinerkresse
Lilie (gelb)
Nelke

Fokus

Hyazinthe
Rose (gelb)
Wistarie

Freude (siehe »Glück«)

Freundschaften

Gerbera

Fruchtbarkeit

Magnolie (rosa)
Wüstengrevillea

Geschäftlicher Erfolg (Verbesserung)

Eisenkraut

Geduld

Begonie

Geld (siehe »Finanzielle Fülle«)

Geschwisterrivalität (Klärung)

Chrysantheme
Wandelröschen

Globale Heilung

Schmucklilie
Pfingstrose

Glück

Akazie
Gänseblümchen
Gardenie
Gladiole
Glockenblume
Heidenelke
Hibiskus
Jonquille
Petunie
Ringelblume
Rose (gelb)
Sonnenblume

Gnade

Kirschblüte
Maiglöckchen
Tulpe

Gott (Verbindung)

Bromelie
Frangipani
Lotusblume
Passionsblume

Harmonie

Chrysantheme
Hibiskus
Schmucklilie
Wandelröschen

Heilung

Kaktus
Ringelblume
Freesie (besonders für Rücken und Wirbelsäule)
Pfingstrose (besonders bei Fernheilung)
Rose (rot)
Fächerblume
Wistarie (bei Fernheilung)

Heilung der Umwelt

Glockenblume
Magnolie (weiß)
Schmucklilie

Hellsichtigkeit (Verbesserung)

Echinacea
Lavendel
Stiefmütterchen

Hellsichtige Readings (Unterstützung)

Echinacea
Frangipani
Königsstrelitzie

Herz (Heilung)

Tränendes Herz
Gladiole

Hilfe (Bitten)

Eukalyptus
Klee
Mohnblume

Hindernisse (Überwindung)

Samtblume
Waratah

Hingabe/Verpflichtung

Nelke
Lilie (rosa)

Ideen (Entwicklung)

Holzapfel
Wicke

Intentionen (anderer Menschen)

Kirschblüte

Kinder (Heilung)

Narzisse
Primel

Kommunikation (Verbesserung)

Königsstrelitzie
Löwenmäulchen
Narzisse
Petunie

Kraft/Stärke

Eisenkraut
Freesie
Kaktus
Orchidee
Pinie

Leben (Vereinfachung)

Gänseblümchen

Lebensaufgabe

Dahlie
Hyazinthe
Waratah
Weihnachtsstern

Liebe

Calla-Lilie
Heidenelke
Kamelie
Kirschblüte
Nelke
Passionsblume
Pfingstrose
Rose (rot)
Schmucklilie

Liebe Verstorbene (Verbindung)

Königsstrelitzie
Zuckerbusch

Liebesbeziehungen

Calla-Lilie
Dianthus
Kamelie
Kirschblüte
Passionsblume
Rose (rot)
Schmucklilie

Loyalität (siehe »Treue«)

Manifestation

Eukalyptus
Heidenelke
Jasmin
Wicke

Männer (Gesundheit)

Wüstengrevillea

Meditation (Verbesserung)

Azalee
Jasmin
Pinie

Motivation

Fuchsie
Johanniskraut
Orchidee
Rose (rot)
Strauchkastanie

Mut

Waratah

Negativität (Klärung von)

Bromelie
Iris
Jonquille
Löwenmäulchen
Pinie
Rose (weiß)
Sonnenhut
Usambaraveilchen

Neubeginn

Banksia

Neue Klienten (auffinden)

Eisenkraut

Passion (Intensivierung)

Schmucklilie
Rose (rot)
Waratah

Past Life (Heilung)

Azalee
Vergissmeinnicht

Planeten und Sterne (Verbindung)

Passionsblume
Vergissmeinnicht

Positive Gedanken

Bromelie
Inkalilie
Jonquille

Privatsphäre

Candelillastrauch

Reinigung (innere)

Rose (weiß)
Usambaraveilchen

Rivalität/ Konkurrenzdenken (Klärung der Energie)

Inkalilie

Ruhe

Begonie
Flieder
Freesie
Fuchsie
Gänseblümchen
Gardenie
Hibiskus
Jasmin
Jonquille
Lavendel
Lilie (orange)
Rose (gelb)
Tulpe

Schlaf

Lavendel

Schönheit (Verbesserung)

Rose (rosa)

Schreiben (Ermutigung)

Narzisse
Wüstengrevillea

Schutz

Bougainvillea
Geranie
Jonquille
Kaktus
Kapuzinerkresse
Pinie
Rittersporn
(Aufenthalt im und auf dem Meer)
Waratah
Wistarie

Seelengefährten (Beziehungen)

Calla-Lilie
Kamelie
Nelke

Selbstachtung (Steigerung)

Lilie (orange)
Pinie
Ringelblume
Sonnenhut
Zuckerstrauch

Selbstvertrauen (Verbesserung)

Rose (rosa)

Spiritualität

Azalee
Echinacea
Frangipani
Jasmin
Kaktus
Krokus
Lotusblume
Waratah
Wistarie

Spiritueller Lehrer (Verbesserung Ihrer Fähigkeit als)

Krokus
Narzisse

Stress (loslassen)

Flieder
Freesie
Fuchsie
Gänseblümchen
Gardenie
Jonquille
Lavendel
Maiglöckchen
Passionsblume

Suchtverhalten (loslassen)

Iris
Magnolie (weiß)
Schmucklilie

Tiere (Heilung)

Erika

Toxine (Beseitigung)

Iris
Löwenzahn
Magnolie (weiß)
Sonnenhut
Strauchkastanie

Trauer (Heilung von)

Calla-Lilie
Kamelie
Gladiole
Stiefmütterchen
Zuckerbusch

Transformation/ Übergänge

Hortensie
Jonquille
Ringelblume
Rose (weiß)

Treue

Nelke

Überforderung (loslassen)

Samtblume

Verbitterung (loslassen)

Löwenmäulchen
Löwenzahn

Vergebung

Tränendes Herz

Verhalten (Verbesserung)

Primel

Verspieltheit

Akazie
Gardenie
Glockenblume
Heidenelke
Petunie

Vertrauen

Dahlie
Holzapfel
Rittersporn
Waratah
Wicke

Vorträge halten (Unterstützung)

Königsstrelitzie
Krokus
Löwenmäulchen
Narzisse
Wüstengrevillea

Weisheit

Azalee
Frangipani
Jasmin
Lotusblume

Worte (liebevolle Worte wählen)

Bromelie
Löwenmäulchen
Narzisse
Pinie
Schmucklilie

Wunder

Eukalyptus
Wicke

Wünsche/Sehnsüchte

Heidenelke
Löwenzahn
Mohnblume
Wicke

Wünsche (Erfüllung)

Eukalyptus
Heidenelke

Orchidee
Rittersporn
Wüstengrevillea

Wut (loslassen)

Begonie
Löwenzahn
Löwenmäulchen
Tulpe

Zeit (nehmen)

Gänseblümchen
Kaktus
Tulpe

Zögern/Aufschieben (loslassen)

Hortensie
Hyazinthe
Samtblume
Wistarie

Zuhause (Klärung der Energie)

Jonquille
Usambaraveilchen

Zyklen (durchbrechen)

Mondblüte

DANKSAGUNG

Von Doreen

Danke Gott, dass du Blumen kreiert und sie uns geschenkt hast, dass sie als wunderschöne Heilungsengel auf der Erde sind. Blumen sind wahrlich Meisterwerke Gottes, und dass es sie in unserem Leben gibt, ist ein großer Segen.

Ich bin meinem Mitautor Robert Reeves von Herzen dankbar für seine Hingabe an Mutter Natur, das Königreich der Blumen und die Ebene der Engel (einschließlich der Naturengel und Elementarwesen). Danke, Robert, für deine wunderbaren schriftlichen Beiträge, deine Bearbeitung und Unterstützung während der Arbeit an diesem Buch. Deine Weisheit als Naturheiler, zusammen mit deiner Liebe und Wertschätzung der Natur, haben dieses Buch möglich gemacht. Mein Dank gilt auch Andrew McGregor für seine Hilfe während des Schreibens und Fotografierens.

Einen riesigen Blumenstrauß der Dankbarkeit für jeden bei Hay House, dass sie *Blumen der Engel* ins Leben gerufen haben. Und alle Liebe für Sie, die Sie dieses Buch lesen. Mögen Ihnen allen von jeder Blume, mit der Sie in Kontakt kommen, üppige Segnungen zuteilwerden.

Mit Liebe,
Doreen

Von Robert

Was für ein wunderbarer, wahr gewordener Traum diese Reise gewesen ist! Ich bin zutiefst glücklich und dankbar, dass Doreen mich als Mitautor ausgewählt hat.

Ich danke auch meiner Familie. Ihr habt mich in dieser Zeit von Anfang an unterstützt und mir die Möglichkeit gegeben, zu wachsen und mich meinen Wünschen entsprechend zu entwickeln. Nur weil ihr mir stets erlaubt, ich selbst zu sein, ist es mir möglich, diese Arbeit zu tun. Ohne eure immerwährende Liebe und Unterstützung hätte ich diese Erfahrung nicht machen können. Ihr seid mein Fels, meine Liebe und meine Konstante. Ich weiß, dass ich immer auf jeden von euch zählen kann. Danke.

Andrew, du hast mich bedingungslos akzeptiert. Du hast nie versucht, mich zu ändern. Das ist nur einer der Gründe, warum ich dich liebe.

Ich hatte das große Glück, mit vielen wunderbaren Lehrern gesegnet zu sein. Jeder von ihnen hat mich wichtige Lektionen gelehrt. Ich danke euch, dass ihr mich nicht als jemanden betrachtet habt, der »zu jung« ist. Stattdessen habt ihr mir während meines Wachstums in jeder Situation zur Seite gestanden.

Danke auch an Stirling Macoby für sein Buch *What Flower ist that?* (Lansdowne Press, 1986), das bei meinen Nachforschungen von unschätzbarem Wert war.

Mein großer Dank geht an meine Patienten und Klienten, die mir erlaubten, meiner inneren Führung zu folgen: Sie haben mir geholfen, Vertrauen in die himmlischen Botschaften zu haben, die mir von den Engeln übermittelt wurden. Gemeinsam war es uns möglich, wunderbare Heilungen zu erzielen. Ich danke Ihnen für Ihre Hilfe. Es ist das Vergnügen, Sie auf Ihrer Heilungsreise zu unterstützen, was mich in der Seele glücklich macht.

Danke auch an Hay House, Louise L. Hay, Reid Tracy, Leon Nacson, Alex Freemon und Nicolette Salamanca, dass Sie mir die Möglichkeit gegeben haben, unsere gemeinsame Vision Realität werden zu lassen.

Doreen, womit soll ich beginnen? Du bist ein wunderbarer Mensch. Ich bin so dankbar für deinen Glauben und dein Vertrauen in meine Fähigkeit, dieses Buch als Koautor gemeinsam mit dir zu verfassen. Es bedeutet mir so viel mehr, als ich je in Worte fassen könnte. Ich habe jeden Aspekt des Schreibens an diesem Buch mit dir genossen. Ich danke dir, dass du mich mit der Ebene der Engel bekannt gemacht hast. Sie sind mir wundervolle Freunde geworden, an die ich mich jeden Tag wende und auf deren Rat ich baue. Ich hatte das Vergnügen, dich 2007 persönlich kennenzulernen, und der Rest ist, wie man so schön sagt, »Geschichte«. Ich schätze mich glücklich, dich zu meinen Freunden zählen zu dürfen. Ich danke dir von ganzem Herzen.

Und selbstverständlich möchte ich auch den Engeln und Gott danken, dass sie mir bei diesem Projekt geholfen haben. Und der Natur – dafür dass es diese herrlichen Blumen gibt, die wir zu Heilungszwecken benutzen können. Danke.

Meine Segenswünsche an Sie alle,
Robert

ÜBER DIE AUTOREN

Doreen Virtue ist Bestsellerautorin von Büchern wie *Feennotruf* und *Das Heil-Orakel der Feen*. Sie hat zahlreiche Bücher über Engel geschrieben und war Gast in Talkshows weltweit, einschließlich *Oprah, The View, Good Morning America, CNN, BBC* und *Kerri-Anne*. Sie leitet Seminare überall auf der Welt und ist Moderatorin einer wöchentlichen Life-Radioshow auf www.HayHouseRadio.com®.

Doreen hat drei Universitätsabschlüsse in beratender Psychologie und ist seit ihrer Kindheit Hellseherin. Sie liebt es, zu gärtnern und in der freien Natur zu wandern, vor allem dort, wo wilde Blumen wachsen auf Hawaii, wo sie lebt.

Website: www.AngelTherapy.**com**

ANGEL THERAPY®

Robert Reeves ist voll ausgebildeter und qualifizierter Naturheiler, dessen besonderes Interesse der geistigen und emotionalen Gesundheit dient. Er verbindet seine Kräutermedizin und Ernährungsratschläge mit seinen hellseherischen und medialen Fähigkeiten. Er hat engen Kontakt zu den Engeln und zur Welt der Natur und glaubt daran, dass die Natur die Fähigkeit zu heilen besitzt, wenn man göttlich geführt ist.

Robert leitet Seminare zur Selbsthilfe, schreibt Magazinartikel und war Gast in internationalen Radioprogrammen. Er hat eine erfolgreiche Klinik für Naturheilkunde in Australien; den Grundstein dafür legte er bereits im Alter von 17 Jahren. Darüber hinaus hat er eine Reihe von Schwingungsessenzen entwickelt, deren Fokus auf die Energie von Kristallen und Engeln gerichtet ist und die als Aura-Sprays erhältlich sind.

Website: www.robertreeves.com.au

NOTIZEN

NOTIZEN

NOTIZEN

NOTIZEN

NOTIZEN

NOTIZEN

NOTIZEN

NOTIZEN

BIBLIOGRAFIE

Von Doreen Virtuesind in unserem Haus erschienen

Himmlische Fülle *(Allegria)*
Engel-Detox *(Allegria)*
Erzengel Gabriel *(Allegria)*
Engel-Worte *(Allegria)*
Chakra Clearing *(Allegria)*
Engel-Notruf *(Allegria)*
Feen Notruf *(Allegria)*

NEIN sagen mit den Engeln der Erde
Die Blumen der Engel
Alles über Erzengel
Alles über Engel

Die Engel-Therapie
Alles über Erzengel
Das hungrige Herz
Erzengel Raphael
Erzengel Michael
Der Tempel der Engel
Medizin der Engel
Erzengel und wie man sie ruft

Botschaft der Engel
Die Zahlen der Engel
Die Heilkraft der Engel
Die Heilkraft der Feen
Engel-Gespräche
Neue Engel-Gespräche
Engel der Erde
Dein Leben im Licht
Das Heilgeheimnis der Engel
Zeit-Therapie
Kristall-Therapie
Engel-Hilfe für jeden Tag
Die neuen Engel der Erde
Der Hunger nach Liebe

Die Blumen der Engel *(CD)*
Engel-Worte *(CD)*
Maria- Königin der Engel *(CD)*
Meditationen zur Engel-Therapie *(CD)*
Rückführung mit den Engeln *(CD)*
Erzengel Michael *(CD)*
Erzengel Gabriel *(CD)*
Das Geschenk der Engel *(CD)*
Medizin der Engel *(CD)*
Die Engel von Atlantis *(CD)*
Die Engel der Liebe *(CD)*
Engel der Erde *(CD)*
Heilkraft der Engel *(CD)*
Himmlische Helfer *(CD)*
Heilgeheimnis der Engel *(CD)*

Das Antworten der Engel-Orakel *(Kartendeck)*
Schutzengel-Tarot *(Kartendeck)*
Das Erzengel-Tarot *(Kartendeck)*
Das Engel-Tarot *(Kartendeck)*
Das Blumen der Engel-Orakel *(Kartendeck)*
Maria – Königin der Engel-Orakel *(Kartendeck)*
Das Traum-Orakel der Engel *(Kartendeck)*
Das Engel der Liebe-Orakel *(Kartendeck)*
Das Lebensorakel der Engel *(Kartendeck)*
Das Engel-Therapie-Orakel *(Kartendeck)*
Das Engel-Orakel für jeden Tag *(Kartendeck)*
Das Heil-Orakel der Feen *(Kartendeck)*
Das Erzengel-Orakel *(Kartendeck)*
Das Erzengel Michael-Orakel *(Kartendeck)*
Das Heil-Orakel der Engel *(Kartendeck)*
Das Orakel der himmlischen Helfer *(Kartendeck)*
Das Einhorn Orakel *(Kartendeck)*
Magisches Orakel der Feen *(Kartendeck)*

Angel Reading *(DVD)*

Deine Engel für das ganze Jahr *(Kalenderaufsteller)*

DAS 7-TAGE-ENERGIE-PROGRAMM

Jayc Jay
8 x 8 Premiumintentionen
Wohlstand und Fülle
anziehen und genießen

Das 7-Tage-Programm mit den 8 x 8 Premiumintentionen für mehr Fülle und Reichtum im Leben. Bei dieser verblüffend wirkungsvollen Methode geht es um positiv formulierte Absichten, die sogenannten Intentionen, die dabei helfen, die Beziehung zu innerem und äußerem Wohlstand auf die Frequenz persönlicher Ziele und Wünsche einzuschwingen.

128 Seiten
€ [D] 10,00 / € [A] 10,30 / sFr 11,50
ISBN: 978-3-7934-2303-4
Auch als E-Book erhältlich.
www.allegria-verlag.de

Schauen Sie auch hier:

Jayc Jay – 8 x 8 Premiumintentionen

**Das Zuhause energetisieren
und Wünsche erfüllen
ISBN 978-3-7934-2289-1**

**Beziehungen glücklich leben
ISBN 978-3-7934-2290-7**

Allegria

MIT DEM KÖRPER IM EINKLANG

Sabrina Fox
BODYBLESSING
Der liebevolle Weg
zum eigenen Körper

Warum sehe ich so aus, wie ich aussehe? Warum zeigt mein Körper Schwächen? Warum macht er nicht, was ich will?

In der einfühlsamen und humorvollen Art, die sie zu einer Ikone der spirituellen Frauenszene gemacht hat, beschreibt Sabrina Fox, wie sie ihren eigenen Körper zu verstehen und lieben gelernt hat – dabei gibt sie den Leserinnen eine Fülle von Anregungen für den richtigen Umgang mit sich selbst und dem eigenen Körper, denn er ist ein Geschenk. Das Geschenk unserer Seele.

320 Seiten
€ [D] 8,99 / € [A] 9,30 / sFr 10,50
ISBN: 978-3-548-74577-0
Auch als E-Book erhältlich.
www.allegria-verlag.de

Allegria

OSHO
AUTHENTISCH LEBEN
Die Kraft der Selbstachtung
Mit DVD
Allegria

OSHO
AUTHENTISCH LEBEN
Die Kraft der Wahrheit
Mit DVD
Allegria

ZU DEN EIGENEN WURZELN FINDEN

Vera Griebert-Schröder
Eine Reise zu den Ahnen
Schamanische Wege
zu den eigenen Wurzeln

240 Seiten
€ [D] 16,99 / € [A] 17,50 / sFr 23,90
ISBN: 978-3-7934-2285-3
Auch als E-Book erhältlich.
www.allegria-verlag.de

Erst wenn man mehr über seine Vorfahren weiß und sich seiner Herkunft bewusst ist, kann man zu sich selbst finden. Die Aussöhnung mit der Vergangenheit und das Wissen um die eigene Herkunft sind wichtig für die persönliche Entwicklung. Sie stärken das Identitätsgefühl und vermitteln ein Gefühl von Geborgenheit und Zugehörigkeit. Auf anschauliche Weise verknüpft Vera Griebert-Schröder traditionelles schamanisches Wissen mit neuem modernen Wissen und macht es dadurch für den Alltag anwendbar.

Lernen Sie schamanische Praktiken und Rituale kennen und erspüren Sie mit Fantasiereisen, die Wege Ihrer Ahnen. Entdecken Sie, dass Sie Teil einer Kette sind, aus der Sie Kraft schöpfen können.

Allegria